BEI GRIN MACHT SICH IHR
WISSEN BEZAHLT

- Wir veröffentlichen Ihre Hausarbeit,
  Bachelor- und Masterarbeit

- Ihr eigenes eBook und Buch -
  weltweit in allen wichtigen Shops

- Verdienen Sie an jedem Verkauf

Jetzt bei www.GRIN.com hochladen
und kostenlos publizieren

Adultismus. Mögliche Auswirkungen auf 3-6-Jährige in der Kita und die Relevanz für pädagogische Fachkräfte

GRIN

Bibliografische Information der Deutschen Nationalbibliothek:

Die Deutsche Nationalbibliothek verzeichnet diese Publikation in der Deutschen Nationalbibliografie; detaillierte bibliografische Daten sind im Internet über http://dnb.d-nb.de abrufbar.

ISBN: 9783346475244
Dieses Buch ist auch als E-Book erhältlich.

© GRIN Publishing GmbH
Nymphenburger Straße 86
80636 München

Druck und Bindung: Books on Demand GmbH, Norderstedt Germany
Gedruckt auf säurefreiem Papier aus verantwortungsvollen Quellen

Das vorliegende Werk wurde sorgfältig erarbeitet. Dennoch übernehmen Autoren und Verlag für die Richtigkeit von Angaben, Hinweisen, Links und Ratschlägen sowie eventuelle Druckfehler keine Haftung.

Das Buch bei GRIN: https://www.grin.com/document/1059845

DRK Bildungswerk Leipzig

Facharbeit

Im Rahmen der Ausbildung zur staatlich anerkannten Erzieherin.

Adultismus.
Mögliche Auswirkungen auf 3-6 Jährige in der KiTa und die Relevanz für pädagogische Fachkräfte.

Abgabetermin: 22.02.2021

Inhalt

1. Einleitung 1

2. Definitionen.. 3

   2.1   Diskriminierung 3

   2.2   Adultismus... 3

3   Die Entdeckung des „Ich" 5

   3.1   Die Kompetenzen der Persönlichkeit 5

   3.2   Das Selbstwertgefühl von Kindern 5

4   Adultismus als Diskriminierungsform.. 6

   4.1   Der sprachliche Ausdruck von Adultismus 9

   4.2   Allgemeine Auswirkungen von Adultismus 10

5   Adultismus in der KiTa? 11

   5.1   Diverse adultistische Handlungssituationen 11

   5.2   Konsequenzen versus Strafen? 16

   5.3   Die Macht der Erwachsenen 17

   5.4   Mögliche Auswirkungen auf das Selbstwertgefühl der Kinder 19

   5.5   Relevanz für pädagogische Fachkräfte... 20

   5.6   Grenzen und Regeln 24

6. Zusammenfassung... 25

7. Literaturverzeichnis... 29

Anhang 32

   Machtgeschichte von Anne Sophie Winkelmann..................................... 32

   Protokoll Machtgeschichten Kita (August 2020)..................................... 32

1. Einleitung

„Bevor Olaf Grunnholm die Brücke über den hellgrünen, reißenden Fluss Tra-Um vollenden kann, wird er verschleppt.
Als er nach langer Zeit zu seiner Arbeit zurückkehren darf,
hat er das Geheimnis vergessen
die Brücke wird nie mehr zu Ende gebaut.
Olaf ist drei Jahre alt.
Man hat ihn von seinen Bausteinen zum Spinatessen geholt.
Es stehen viele halbfertige Brücken am hellgrünen, reißenden Fluss Tra-Um
(vgl. Reding, 2017).

Wie vielen Kindern geht es täglich in Kindertageseinrichtungen so wie Olaf? Wie geht es den Kindern dabei, wenn Erwachsene stetig wiederkehrend für sie Entscheidungen treffen?

Mein erstes Praktikum in der Erzieherausbildung trug dazu bei, dass ich die Diskriminierungsform Adultismus kennenlernte und mich damit auseinandersetzte. Ich erlebte viele Situationen, die sich für mich falsch anfühlten. Eine konkrete Handlung lief wie folgt ab. Fünf Kinder aus der Krippengruppe halfen in der Küche Pizza zu backen. Dreizehn weitere Kinder der Gruppe hielten sich währenddessen im Sportraum auf. Gemeinsam kehrten alle zurück ins Gruppenzimmer. Die Erzieherin wies sie an aufzuräumen. Der strukturierte Tagesablauf sah das Mittagessen vor. Es handelte sich um eine heterogene Gruppe, von eins bis drei Jahren. Einige Kinder verfielen beim Aufräumen ins Spielen. Als schließlich alle am Tisch saßen, wurde die selbstgebackene Pizza auf die Teller ausgeteilt. Fünf Kinder erhielten jedoch nichts. Ihnen wurde durch ihre Erzieherin mitgeteilt, sie sollten doch beim nächsten Mal sofort aufräumen, dann bekämen sie auch eine Mahlzeit. Fünf Kleinkinder saßen vor leeren Tellern. Ihnen wurde Essensentzug angedroht. In meinen Augen schienen sie gar nicht zu begreifen, warum sie nichts zu essen hatten. Nach diesen Worten saßen sie ruhig da. Dann erhielten sie aber jeder ein Stück Pizza. Doch wie erging es den Kindern in dieser Situation? Was macht dieses Verhalten der Erzieher mit ihnen?

In der gleichen Einrichtung las ich im August 2020 zwölf Kindern einer Vorschulgruppe die Geschichte „Fisch und Aufräumen" (Anne Sophie Winkelmann, 2019, S. 91) vor. Die Kinder äußerten auf die Frage, wie die Erzieherin aus der Geschichte wohl in der beschriebenen Situation reagieren werde, teilweise konkrete Vorstellungen. Es folgte u.a. „Schimpfen" als Antwort. Eine weitere Frage nach Maßnahmen, um eine Lösung zu finden wenn Kinder nicht aufräumen wollen, beantworteten die Kinder mit den Aussagen, sie seien dann faul oder sie müssten mit Süßigkeiten angelockt werden oder mit Obst und Gemüse.

Eine andere Idee war, man könne direkt danach einen Film anschauen. Mio (der Junge aus der Geschichte) würde sicher dann aufräumen, wenn er Lust darauf hätte. Als Lösungsvorschlag wurde ebenfalls genannt, dass Mio im Keller eingesperrt werden könne. Diese Antworten zeigen mir deutlich, dass Belohnungen und Bestrafungen durch Erwachsene als Maßnahmen für sie etwas Alltägliches zu sein scheinen. Was ist der Grund dafür? Liegt es ausschließlich daran, dass sie jünger sind? Laut Sandra Richter werden Kinder offensichtlich wirklich wegen ihres Alters und der Tatsache geschuldet, dass sie Kinder sind, von älteren Kindern und von Erwachsenen diskriminiert. Adultismus findet laut ihr beinahe täglich statt. (vgl. 2013, S. 3) Für die meisten Menschen ist dieser Begriff und was damit einhergeht, nach meiner Erfahrung unbekannt.

In dieser Facharbeit gehe ich daher der Frage nach, wie präsent diese altersspezifische Diskriminierung in Kindertageseinrichtungen ist und wie sich dieses Machtsystem auf die Entwicklung von Kindern im Alter von drei bis sechs Jahren auswirken kann. Gleichzeitig möchte ich aufzeigen, was das für pädagogische Fachkräfte bedeutet. Mein Fokus liegt darauf, Adultismus in seiner gesamten Form darzustellen. Neben Fachliteratur werde ich auch Elternratgeber, Zeitschriften und Internetquellen nutzen, da es zu dieser Thematik insgesamt sehr wenig fachspezifische Literatur gibt. Alle anderen Quellen werden dennoch zum Diskurs beitragen.

Aus Gründen der besseren Lesbarkeit werde ich in dieser Arbeit vorwiegend die maskuline Form verwenden. Diese bezieht sich auf Personen beiderlei Geschlechts.

Im ersten Abschnitt meiner Facharbeit definiere ich die Begriffe „Diskriminierung" und „Adultismus". Diese beiden Begriffe werde ich weiterführend zusammen fügen, indem ich Adultismus als Diskriminierungsform anhand von Theorien belege. Ich gehe auf Adultismus in der Sprache ein und stelle die allgemeinen Auswirkungen adultistischer Verhaltensweisen auf Kinder dar. Im weiteren Verlauf möchte ich die möglichen Auswirkungen von Adultismus auf das Selbstwertgefühl von Kindern verdeutlichen, indem ich die „Kompetenzen der Persönlichkeit" und die Eigenschaften des Selbstwertgefühls erläutere.

Zur Überprüfung der aktuellen Präsenz von Adultismus in der Praxis führe ich eine Online-Umfrage in einem sozialen Netzwerk mit Fachkräften in konkreten Gruppen anonym durch. Um sicherzustellen, dass diese mit der Diskriminierungsform vertraut sind, beschreibe ich im Fragebogen vorab in einer Definition was Adultismus bedeutet und erfrage an einem Beispiel, ob das für sie altersspezifische Diskriminierung darstellt. Fachkräfte, die diese kennen, beschreiben daraufhin primär zwei erlebte Handlungssituationen und werden sekundär eine aus ihrer Sicht optimale Handlungsalternative benennen. Deren erlebte adultistische Handlungen werde ich nutzen, um aufzeigen wie präsent die Diskriminierung von Kindern in der KiTa im Alltag ist. Dies soll zudem die Relevanz dieser Thematik für pädagogische Fachkräfte in der Praxis noch einmal verdeutlichen.

Ziel dieser Facharbeit ist es, dem Leser das Thema Adultismus näher zu bringen. Ich möchte damit darauf aufmerksam machen, dass adultistische Verhaltensweisen vor allem unbewusst stattfinden, im Alltag präsent sind und ich möchte aufzeigen wie sich diese auf Kinder auswirken können. Diese Informationen sind eine Einladung an den Leser zur Selbstreflexion über das eigene pädagogische Handeln, ohne zu appellieren.

2. Definitionen
2.1 Diskriminierung

Hormel und Scherr (vgl. 2010, S. 150) beschreiben Diskriminierung als aus gewöhnlichen Handlungen und Äußerungen bestehend, welche sich in herabsetzender und benachteiligender Absicht gegen Mitglieder einer sozialen Gruppe richten. Diese Personengruppe wird durch ein unveränderliches Merkmal mit Vorurteilen und Zuschreibungen etikettiert. Diskriminierung lässt sich also als Resultat von Vorurteilen gegenüber Einzelnen oder einer Gruppe, die sich gut eingrenzen lässt, festlegen (vgl. 2019, S. 150).

Bei fast allen Diskriminierungsformen herrschen laut Richter (vgl. 2013, S. 7) besondere Regeln, die ausschließlich für die jeweilige Personengruppe gelten. Dadurch entsteht ein Machtgefälle. Es besteht die Gefahr, dass die jeweils „unterlegene" Person, der (vermeintlich) über ihm stehenden, versucht wird, deren Erwartungshaltung zu entsprechen (vgl. Ritz, S. 3, 2013). Das führt dazu, dass die machtvollere Person von nun an bei der anderen ein Verhalten wahrnimmt, welches darauf abzielt, den auferlegten Erwartungen gerecht zu werden. Resultierend daraus schließt die mächtigere Person, mit ihren Vorurteilen Recht gehabt zu haben. Somit entstehen aus Vorurteilen Urteile (vgl. Ritz, 2013, S. 3).

Die meisten Diskriminierungsformen beinhalten eine immer wiederkehrende Struktur. Diese Struktur enthält folgende Aspekte: die Festschreibung gesellschaftlich anerkannter Normen und Werte, das Kreieren eines Menschenbildes, welches von Vorurteilen und Zuschreibungen geprägt ist, die soziale Bedeutung auf Grund öffentlicher Präsenz, als auch das Manifestieren spezifischer Regeln und Gesetze sowie die Verinnerlichung (vgl. Ritz, S. 53, 2015).

Auf die oben genannten Aspekte in Bezug auf Adultismus wird in Kapitel 4., in der Auseinandersetzung mit Adultismus als Diskriminierungsform, näher eingegangen.

Was aber ist Adultismus?

2.2 Adultismus

Der Begriff „Adultismus" lässt sich aus dem Wort „adultus" welches aus dem Lateinischen stammt (vgl. Britt, 2017), als auch aus dem englischen Wort „adult" für Erwachsener herleiten. Die Endung „–ismus" weist oftmals auf gesellschaftlich vorhandene Machtstrukturen hin wie sie beispielsweise bei Rassismus und Sexismus vorkommen (vgl. Steinke, 2020).

Laut LeFrancois „wird Adultismus als die Unterdrückung verstanden, die Kinder und Jugendliche durch Erwachsene und durch von Erwachsenen produzierte/ auf Erwachsene zugeschnittene Systeme erfahren. Sie bezieht sich auf die sozio-politischen Statusunterschiede und Machtverhältnisse, die in den Erwachsenen-Kind-Beziehungen endemisch sind. Adultismus kann sowohl Erfahrungen von individuellen Vorurteilen, Diskriminierung, Gewalt und Missbrauch als auch von systemischer Unterdrückung beinhalten" (2013, S. 1, Übersetzung der Verfasserin).

Britt wiederum beschreibt Adultismus als die unbekannteste Diskriminierungsform unserer Zeit (vgl. Britt, 2017). Sie steht für ein Machtungleichgewicht und dem Umgang mit diesem zwischen Kindern und Jugendlichen auf der einen und Erwachsenen auf der anderen Seite (vgl. Ritz, 2008, S. 1). „Junge Menschen werden oft von Erwachsenen missachtet, einfach weil sie jung sind. Verhaltensweisen und Einstellungen Erwachsener, die davon ausgehen, dass sie besser sind als diese jüngeren Menschen und sie somit berechtigen, über diese ohne deren Einverständnis zu bestimmen, bezeichnen Adultismus" (vgl. Bell, 2011, Übersetzung der Verfasserin). Für Stegemann (vgl. 2015) ist Adultismus als Diskriminierungsform die allererste Unterdrückungserfahrung, die jeder Mensch in seinen ersten Lebensjahren erfährt. Diese besondere Machtlosigkeit aus der Perspektive eines Kindes ist demzufolge allen Menschen bekannt (vgl. Stegemann, 2015).

Adultismus bezeichnet die Bevormundung von Kindern durch Erwachsene, welche sich selbst für reifer, intelligenter und verantwortungsbewusster begreifen (vgl. NCBI, 2004, S. 10).

Diese Erwachsenen waren selbst einmal Kinder, deren Persönlichkeit sich in der Kindheit entwickelte. Wie jedoch entsteht eine eigene Persönlichkeit?

3 Die Entdeckung des „Ich"

3.1 Die Kompetenzen der Persönlichkeit

Der Begriff „Persönlichkeit" steht für charakteristische Merkmale eines jeden Einzelnen. Auf welche Art und Weise jemand denkt, etwas erlebt oder sich verhält, ist individuell. Die Stabilität dieser Reaktionen stammt aus eigenen Einstellungen, Werten und Erlebnissen. Eine stetige Veränderung findet dennoch statt, da Menschen fortlaufend neue Dinge erleben, die sie prägen und die auf sie einwirken. Somit entwickeln sich Individuen stetig weiter (vgl. Textor, 1991). Zentrale Merkmale der Persönlichkeit sind die emotionalen, personalen und sozialen Kompetenzen. Diese sind miteinander verbunden und beziehen sich auf die eigene Person (vgl. Frank/ Martschinke, 2014, S. 9).

Die emotionalen Kompetenzen beschreiben die eigene Emotionsregulierung sowie die Wahrnehmung von Gefühlen und der Ausdruck dieser durch Mimik und Sprache (vgl. Frank/ Martschinke, 2014, S. 11).

Der konstruktive Umgang mit eigenen Gefühlen und denen von anderen Menschen, entwickelt sich aus den emotionalen Kompetenzen und den sozialen. Diese bauen aufeinander auf (vgl. Mock-Eibeck, 2020, S. 6). Aus den sozial-emotionalen Kompetenzen heraus entsteht ein Bewusstsein für Gerechtigkeit und Empathie. Diese Kompetenzen helfen zudem beim Erwerb verschiedener Strategien, die es benötigt um mit Frustration und Misserfolgen umzugehen. Ein angemessenes und auch empathisches Verhalten im Umgang mit anderen, beispielsweise bei Konflikten, um sich in andere hineinversetzen zu können, umfassen die sozial-emotionalen Fähigkeiten (vgl. Mock-Eibeck, 2020, S. 8). Der Kern der Persönlichkeit wird durch die personalen Kompetenzen gebildet, welche neben dem Selbstwertgefühl das Selbstkonzept und die Selbstwirksamkeit beinhalten. Der kognitive, selbstbezogene Bestandteil, der die Identität bezeichnet, ist das Selbstkonzept. Für die ganzheitliche Entwicklung stellt ein positives Selbstbild und die Wertschätzung der eigenen Person mit seinen Wesensmerkmalen eine große Bedeutung dar (vgl. Frank/ Martschinke, 2014, S. 12).

Das Selbstwertgefühl als solches ist eine Kernkompetenz. Im folgenden Abschnitt wird diese detailliert betrachtet.

3.2 Das Selbstwertgefühl von Kindern

Das Wissen über die eigene Person ist laut Perras-Emmer (vgl. 2001) der Inhalt des Selbstbildes. Die Wahrnehmung von Merkmalen und die daraus resultierende Zufriedenheit wird durch das Selbstwertgefühl vorgegeben. Dieses entsteht zum einen durch Eigeninterpretationen sowie durch Reaktionen des Umfeldes (vgl. Perras-Emmer, 2001). Das Selbstwertgefühl bezeichnet die Bewertung eines Kindes hinsichtlich eigener Eigenschaften und Fähigkeiten. Eine Stärkung dessen ist durch bedingungslose Wertschätzung seitens Erwachsener und auch durch Kinder möglich (vgl. Minsel, 2014, S. 244).

Wie entsteht nun ein positiver Selbstwert bei Kindern? Dafür setzt Prändel (vgl. 2011) eine gelungene Bewältigung von Entwicklungsaufgaben voraus, damit sich ein intaktes Selbstvertrauen und ein resilientes Selbstwertgefühl bilden können. Sie beschreibt differente Erfahrungen, die Kinder benötigen, um diese Entwicklung erfolgreich zu durchlaufen. Liebe und Wertschätzung gelten als essentiell, damit sich Kinder als eigenständige Personen, mit allen zugehörigen Eigenschaften bedingungslos angenommen fühlen. Dadurch erfahren sie Anerkennung mit all ihren individuellen Wünschen und Bedürfnissen.

Das Erleben von Struktur ist eine weitere Erfahrung, die Kindern das Gefühl vermittelt, geborgen und geschützt zu sein. Eindeutige Grenzen zu erfahren ist hierzu notwendig. Erfolgserlebnisse, die Kinder erleben, zeigen ihnen auf, dass sie in der Lage sind, etwas selbst bewirken zu können. Ihr Selbstwertgefühl wird auf diese Weise positiv gesteigert und sie erfahren Selbstwirksamkeit. Für die Entwicklung eines gesunden Selbstbewusstseins und Vertrauen in sich selbst, sind zudem Vorbilder für die Kinder zur Nachahmung obligat. Eltern und weitere Bindungspersonen sind daher relevant, damit Lernen gelingt (vgl. Prändel, 2011). Erwachsene sind in Kinderaugen, auf Grund ihrer Abhängigkeit von ihnen in jeglicher Beziehung, unabdingbare Autoritäten (vgl. Heister, 2021).

Hier zeigt sich deutlich, wie viel Einfluss Erwachsene auf das Selbstwertgefühl von Kindern haben. Ihr Verhalten beeinflusst dieses. Der Selbstwert von Kindern wird sowohl negativ als auch positiv durch sie geprägt.

Wie viel adultistischen Einfluss hat nun die Gesellschaft als solches auf junge Menschen? Darauf wird im folgenden Kapitel eingegangen.

4 Adultismus als Diskriminierungsform

Für die Auseinandersetzung mit Adultismus in unserem gesellschaftlichen Zusammenleben, ist es laut Dolderer (vgl. 2010, S. 13) erforderlich, die Gesellschaft in ihre generationale Ordnung aufzuteilen. Zwischen zwei komplementären sozialen Rollen ist zu differenzieren, konkret zwischen dem Erwachsenen und dem Kind. Hierbei steht der Erwachsene für den würdigen Bürger, der als vernünftig, mündig und als verantwortlich bezeichnet wird, sowie selbstbestimmt eigene Entscheidungen trifft. Das Kind wiederum steht in diesem Kontext als unfertig, spontan und abhängig, im völligen Gegensatz dazu. Kinder sollen mit Hilfe von Erziehung gesellschaftsfähig geformt werden. Ziel ist hierbei, Kinder dem rationalen Handeln und der Vernunft zuzuführen. Diese generationale Unterscheidung ist scheinbar Grund für die

Legitimierung der Diskriminierung von Kindern durch Erwachsene (vgl. Dolderer, 2010, S. 13).

Laut Friesinger (vgl. 2010) agieren Erwachsene entsprechend einer traditionellen gesellschaftlichen „Rangordnung" nach so als seien sie kompetenter als Kinder und Jugendliche. Adultismus wird als gesellschaftliche Diskriminierungsstruktur verstanden. Diese erfährt durch zwischenmenschliche Beziehungen, traditionell sowie gesetzlich mit Hilfe sozialer Institutionen, Förderung und Intensivierung (vgl. Friesinger, 2010).

Das Machtsystem Adultismus ist in der Fachliteratur allerdings mindestens genauso wenig bekannt wie in der pädagogischen Praxis.

Die Unbekanntheit dieser Diskriminierungsform zeigt sich insbesondere in der sprachlichen Diskriminierung von Kindern durch Erwachsene.

Es wird wenig bis gar nicht darüber im gesellschaftlichen oder familiären Kontext diskutiert (vgl. Ritz, 2010, S. 128/ S. 131). Erwachsene geben ungefragt Kindern einen Tagesablauf vor. Dieser ist durchzogen von Aufgaben, Befehlen und Anweisungen. Für Kinder ist Spielen Arbeit, was Erwachsenen oftmals nicht bewusst ist (vgl. Ritz, 2010, S. 132).

Strukturelle Aspekte, die Diskriminierungsformen typischerweise aufweisen, sind die Inhalte des Machtsystems Adultismus. Bei näherer Betrachtung der Festschreibung gesellschaftlich anerkannter Normen und Werte, ist festzustellen, dass die Norm beschreibt, was von der Mehrheit als „normal" angesehen wird. „Groß" zu sein ist diese Norm in unserer Gesellschaft. In der Folge wird Sämtliches gemessen und angepasst (vgl. Ritz, 2010, S. 129). Hervorzuheben ist, dass ein von Vorurteilen und Zuschreibungen erschaffenes und geprägtes Menschenbild zur Einteilung von Menschen in Gruppen beiträgt. Konkret wird unterschieden zwischen Gruppen, die die Normierungen erfüllen und jenen, die davon abweichen. Festgelegt werden diese Abweichungen von denen, die die Definitionsmacht innehaben (vgl. Ritz, 2010, S.130-131). Über diese Macht verfügen in Verbindung mit Adultismus die sogenannten Erwachsenen. Jene verknüpfen eine bestimmte Erwartungshaltung an Kinder. Ihnen haftet diesbezüglich ein sogenanntes ‚Bild vom Kind` an (vgl. Ritz, 2010, S. 131) So erfolgt die Manifestierung von spezifischen Regeln und Gesetzen, welche sich ausschließlich auf eine einzelne Personengruppe beziehen. Für diese werden eigens bestimmte Regeln und Gesetze eingebracht. Diese sind einer Menge von Ritualen, Traditionen, einschließlich Überlieferungen inklusive Unbedachtsamkeiten ausgesetzt (vgl. Ritz, 2010, S. 133).

Wird dies im Kontext zu Adultismus näher betrachtet, ist zu bemerken wie sehr das Leben von Kindern in allen möglichen Aspekten durch Erwachsene vorgeschrieben und geregelt ist. Beispielsweise gibt es festgeschriebene Richtlinien, in welchem Alter ein Kind bestimmte Entwicklungsschritte vollzogen haben sollte. Weiterhin wird den Kindern ein konkreter Tagesablauf von Erwachsenen vorgegeben (vgl. Wagner, S. 132). Bell (2003, Übersetzung der Verfasserin) schreibt dazu: „Wenn wir darüber nachdenken, werden wir feststellen, dass außer Gefängnisinsassen und einigen anderen institutionalisierten Gruppen, junge Menschen die am meisten kontrollierte Gruppe der Gesellschaft sind. Als Kinder wird den meisten jungen Menschen gesagt was sie zu essen haben, welche Kleidung sie tragen sollen, wann sie zu Bett gehen, wann sie sie sprechen dürfen, dass sie zur Schule müssen, welche Freunde für sie okay sind und wann sie daheim sein müssen. Auch wenn sie älter werden, wird ihre Meinung nicht wertgeschätzt; Sie werden nach dem Willen oder den Launen der Erwachsenen bestraft; ihre Emotionen werden als ‚unreif' betrachtet. Zudem behalten sich die Erwachsenen das Recht vor, zu bestrafen, zu bedrohen, zu schlagen, ‚Privilegien' zu entziehen und junge Menschen auszugrenzen, wenn solche Handlungen als Mittel zur Kontrolle oder Disziplinierung der jungen Menschen angesehen werden" (Bell, 2003, Übersetzung der Verfasserin).

Liebl (2020, S. 29) unterteilt die altersspezifische Diskriminierung von Kindern in vier Kategorien:

- „Maßnahmen und Strafen gegen unerwünschte Verhaltensweisen von Kindern, die bei Erwachsenen geduldet werden oder als normal gelten;
- Maßnahmen, die mit der besonderen Schutzbedürftigkeit von Kindern begründet werden, aber letztlich zu einer zusätzlichen Benachteiligung der Kinder führen, sei es dass es ihre Handlungsoptionen eingrenzt, sei es das sie aus dem gesellschaftlichen Leben ausgegrenzt werden;
- Der im Vergleich zu Erwachsenen beschränkte Zugang zu Rechten, Gütern, Einrichtungen und Dienstleistungen;
- Nicht-Beachtung der Altersgruppe der Kinder bei politischen Entscheidungen, die im späteren Leben der Kinder oder für nachfolgende Generationen lebenswichtige Auswirkungen haben" (Liebl, 2020, S. 29).

Bezug nehmend darauf, wird nun der letzte Aspekt des strukturellen Aufbaus einer Diskriminierungsform benannt. Es handelt sich um die Verinnerlichung seitens der Erwachsenen und genauso bei Kindern. Liebe, Fürsorge und Unterstützung benötigen Kinder in besonderem Maß von ihren Bezugspersonen. Sie sammeln wiederholt jedoch die Erfahrung, dass diese Menschen sie reglementieren und über sie und ihr Leben entscheiden. Gelegentlich steht dies im Kontrast zu ihrem individuellen Empfinden, ihren Wünschen, ihren Interessen und ihrer eigenen Sichtweise (vgl. Ritz, 2010, S. 134-S. 135). Laut Ritz (2010, S. 7) ist die tatsächliche Abhängigkeit der Kinder von Erwachsenen umso größer, umso jünger sie sind. Das ist ideal zur Machtausübung, simpel in der Durchführung, lässt sich gut begründen, aufrechterhalten und durchführen. Wie es sich anfühlt, wenn jemand über einen selbst bestimmt, sich gar über jemanden stellt und Macht ausübt, hat jeder Mensch selbst in jungen Jahren erlebt und erlernt. Das so Erlernte wird oft unbewusst von Generation zu Generation wiederholt, weitergetragen und als ‚normal‘ betrachtet (vgl. Ritz, 2010, S. 7).

Wie äußert sich diese Macht im Bereich Sprache?

4.1 Der sprachliche Ausdruck von Adultismus

Bei Betrachtung des sprachlichen Bereichs im Kontext von Adultismus fällt auf wie negativ Wörter wie „kindisch" oder „kindlich" behaftet sind. Sie beziehen sich auf das Verhalten eines Kindes, welches nicht normal ist. Dem Kind wird damit eine deutliche Abwertung vermittelt (vgl. Rempel, 2011, S. 38). Die Aussage „Mach kein Theater" vermittelt dem Kind, dass die eigenen Gefühle und Wünsche nicht legitim sind, während die der „Erwachsenen" höherwertig zu sein scheinen (vgl. Rempel, 2011, S. 36). „Dafür bist Du noch zu klein" wiederum ist eine gezielte Ausgrenzung. Ohne sich bewusst dafür entscheiden zu können, sind Kinder einer Gruppe zugehörig, die „minderwertig" ist und weniger Entscheidungsfreiheit besitzt. Die Erwachsenen besitzen eine sogenannte „Deutungshoheit", da sie voraussetzen, was für Kinder wann das „Richtige" oder „Falsche" ist (vgl. Rempel, 2011, S. 38).

Adultismus beinhaltet zusätzlich ungerechtfertigte vielzählige Herabsetzungen der Freiheits- und Selbstbestimmungsrechte der Kinder (vgl. Richter, 2018, S. 7). Laut Richter (vgl. 2018, S. 6) gibt es diverse Momente, in denen sich adultistische Verhaltensweisen zeigen. Wird einem Kind von einem Erwachsenen unaufgefordert über das Haar gestrichen oder es wird einfach angefasst, obgleich es anzeigt, dass es dies offenkundig nicht mag, so ist das Adultismus. Zucken Kinder aufgrund der unerwünschten Berührung zurück oder rechtfertigen sich für ihr Unbehagen, werden sie oft als schüchtern oder abweisend bezeichnet. „Jetzt stell` dich doch nicht so an", wird gern als Kommentar durch Erwachsene erwidert (vgl. Richter, 2018, S. 6).

Weiterhin ist in der Umgangssprache der Ausdruck „eine Horde Kinder" für eine Kindergruppe zu finden. Das Wort „Horde" wird mit Bezeichnungen wie „Wildheit" oder mit etwas „Natürlichem" gleichgesetzt. Die hierarchische Etablierung der sozialen Rollen zwischen Kindern und Erwachsenen dient laut Rempel der generationalen Ordnung (vgl. 2011, S. 37).

Simple Beleidigungen Kindern gegenüber sind in Aussagen wie „Schäm Dich" oder „Das verstehst Du noch nicht" zu erkennen. Hierbei wird die Kompetenz der Kinder angezweifelt, während die Erwachsenen allerdings so kompetent sind, dass sie allein benennen können, wofür sich jemand zu schämen hat. Eine Erklärung dafür gibt es meist keine. „Keine Widerrede" ist zudem eine klare deutliche Ansage, die ein Nachfragen der Kinder oder sogar eine Diskussion mit ihnen erst gar nicht zulassen. Auf diese Weise wird eine Rechtfertigung für das diskriminierende Verhalten seitens der Erwachsenen verhindert (vgl. Rempel, 2011, S. 39). In der Kommunikation bemühen sich laut Malte Mienert, Erwachsene täglich, in jedem

Moment, in aller Deutlichkeit ihre eigenen Forderungen und Ansprüche Kindern gegenüber durchzusetzen und ihre erwachsene Überlegenheit zu demonstrieren (vgl. 2017, S. 155).

Setzen Erwachsene ihre Macht den Kindern gegenüber also durch verbale Ausdrucksweisen ein, stellt sich die Frage, wie sich das auf diese auswirken kann?

4.2 Allgemeine Auswirkungen von Adultismus

„Adultistische Ausdrucksformen sind fordernd, befehlshaberisch, diskriminierend, bewertend und verurteilend", so Friesinger (2018, S. 73.) Aufgrund dessen wird die ganzheitliche Entwicklung von Kindern gehemmt. Die im vorigen Kapitel beschriebenen Aussagen vermitteln Kindern, dass ihre Stimme nichts zählt und ihre Meinung im Vergleich zu der von Erwachsenen weniger wert sei. Macht, so erkennen es schon die Jüngsten, darüber verfügen ausschließlich die Erwachsenen (vgl. Richter, 2013, S. 8).

Schrittweise fühlen sie sich dadurch weniger wertvoll und empfinden sich als weniger vertrauenswürdig. Ein gering ausgeprägtes Selbstwertgefühl, mangelndes Selbstvertrauen und wenig Gespür für sich selbst, können das Resultat sein (vgl. Winkelmann, 2019, S. 37). Dieses Gefühl der Machtlosigkeit führt bei einigen zu Resignation, während sich andere eher passiv verhalten. Aggressionen, Launenhaftigkeit, beleidigendes und rebellisches Verhalten drücken aus, wie sehr sie tatsächlich unter diesem Ohnmachtsgefühl leiden (vgl. Richter, 2013, S. 8). Dieses schmerzende, prägende Gefühl wird besonders unter Kindern weitergegeben. Ältere Kinder beginnen über jüngere zu bestimmen und treten diesen gegenüber adultistisch auf. Bei ihnen erfolgte eine Verinnerlichung des für sie erlebten „normalen Verhaltenskodex". Wird Macht, Machtlosigkeit und Machtmissbrauch bereits in jungen Jahren erlebt, kann daraus folgen, dass Machtverhältnisse und Abwertungen anderer Personengruppen als normal betrachtet und akzeptiert werden. Anderen Diskriminierungsformen wie beispielsweise Rassismus wird auf diese Weise bereits in jungem Alter der Weg geebnet. Ritz (vgl. 2015, S. 6) beschreibt, dass dadurch bei Kindern eine Konditionierung erfolgt, die diesen vermittelt, „dass es ‚normal' ist, dass es ein ‚Oben' und ein ‚Unten' gibt und dass es erstrebenswert ist, ‚oben' zu sein" (vgl. 2015, S. 6).

Ob altersspezifische Diskriminierung auch in Kindertagesstätten vorkommt, soll im folgenden Kapitel erörtert werden.

5 Adultismus in der KiTa?

Um herauszufinden, ob Adultismus in Kindertageseinrichtungen tatsächlich präsent ist, erfolgt nun eine qualitative Auswertung, der durch die Verfasserin eigenständig erstellten Umfrage. (siehe Anhang) Konkret wird dabei auf einzelne Antworten der Teilnehmer eingegangen. Die Umfrage wurde anonym mit der Hilfe von Fachkräften in Sozialen Netzwerken, über einen Zeitraum von vier Wochen, durchgeführt. Eine im Internet frei zugängliche Plattform wurde hierfür genutzt. Ziel war es, die Präsenz von Adultismus als Diskriminierungsform in Kindertageseinrichtungen nachzuweisen. Bewusst wurde auf vorgegebene Fragen verzichtet, um dem pädagogischen Fachpersonal die freie Schilderung realer Erlebnisse zu ermöglichen. Es wurde daher explizit nach zwei selbst erlebten Handlungssituationen im pädagogischen Kontext gefragt. Diese gelten als relevanter Nachweis für die aktuelle Präsenz von Adultismus in der KiTa. Ein weiterer Punkt war die Frage nach einer Handlungsalternative zur vorab benannten adultistischen Situation. Diese bietet Gegenlösungen als Relevanz für pädagogische Fachkräfte, die in diversen Handlungssituationen keine Wahlmöglichkeit sehen.

115 Fachkräfte, im Alter von 18 bis 60 Jahren, beteiligten sich an der Umfrage. Bis auf Hamburg und Bremen gab es Teilnehmer aus allen Bundesländern. Eine einzelne Fachkraft aus Österreich und zwei weitere aus Italien nahmen ebenfalls teil.

Auf die Frage, ob ihnen die Diskriminierungsform Adultismus bekannt sei, antworteten 69,6% mit „Ja", während 30,4% dies verneinten. Das deutet darauf hin, dass Britts (vgl. 2017) Aussage zutrifft, wonach „Adultismus von allen Diskriminierungsformen die Unbekannteste ist." Eine Unterteilung in der Auseinandersetzung mit der Umfrage erfolgt in folgenden Überthemen: „Adultistische Handlungssituationen", „Macht der Erwachsenen", „Mögliche Auswirkungen auf das Selbstwertgefühl der Kinder", „Strafen versus Konsequenzen", „Relevanz für pädagogische Fachkräfte" und „Regeln und Grenzen".

Wie lauten die Antworten der befragten Fachkräfte zur Thematik Adultismus?

5.1 Diverse adultistische Handlungssituationen

Es wurden von 77 Personen je zwei Beispiele für erlebte Handlungssituationen aus dem KiTa – Alltag genannt. Einige davon werden im Folgenden aufgeführt.

Es handelten 33 explizit vom Thema Essen. Ein Umfrageteilnehmer beschreibt wie eine Erzieherin sich selbst ausschließlich Fleisch auf den Teller legte, den Kindern aber sagte, diese bekämen erst Fleisch, wenn sie ihre Kartoffeln und ihren Blumenkohl aufgegessen haben. Die Schilderung eines weiteren Teilnehmers handelt von einem Kind, dem das Mittagessen offenbar gut schmeckte, sodass es Nachschlag von einer Erzieherin bekam. Eine andere Erzieherin nahm dem Kind den Teller jedoch sofort weg, mit den Worten: „Wenn alle Nachschlag haben wollen, werden wir ja nie fertig. Immer diese Extrawurst." In einem anderen Beispiel nahm sich ein Kind allein und selbstständig Nachtisch auf den Teller. Es stellte beim Probieren fest, dass es diesen nicht mochte. Es verweigerte jenen zu essen. Woraufhin dieses Kind mit seinem Teller in die Gruppe der pädagogischen Fachkraft, die diese Situation beschreibt, geschickt wurde. Es wurde dort an einen separaten Tisch gesetzt mit dem Hinweis, es solle dort so lange sitzen bis es aufgegessen habe. Schließlich hätte sich das Kind den Nachtisch ja selbst genommen und nun müsse dieser auch gegessen werden. Die übernehmende Fachkraft der anderen Gruppe versuchte nun das besagte Kind ab da zum weiteren essen zu motivieren. Es gelang ihr. Das Kind begann nur direkt zu würgen, weil es den Nachtisch laut eigener Aussage wirklich als ekelhaft empfand. Infolgedessen stoppte die Fachkraft den Essenszwang und suchte das Gespräch mit der Fachkraft, aus deren Gruppe das Kind stammte. Ein Gespräch fand nach der Situation, als ein Junge seinen Grießbrei nicht essen wollte, da er die Konsistenz nicht mochte, er ihm nicht schmeckte und dennoch von seiner Erzieherin gezwungen wurde diesen zu essen, nicht statt. Obwohl sie ihn, als er anfing zu würgen, mitsamt dem Teller auf eine Toilette setzte und dabei mitteilte: „Kannst gleich hier essen, denn du kotzt ja sowieso wieder, wenn du dann endlich mal aufgegessen hast!" Eine ähnliche Situation, die mit Zwang beim Essen einhergeht, wird von einem weiteren Umfrageteilnehmer geschildert. Dabei aß einer ungeduldig werdenden Erzieherin ein Kind zu langsam. So versuchte diese das vierjährige Kind zu füttern. Drei Mal drehte jenes den Kopf zur Seite und schob dabei die Hand der Erzieherin weg. Diese sagte wütend: „Du isst zu langsam!" und bestand darauf das betreffende Kind fertig zu füttern. Die letzte Essenssituation, die hier aufgeführt wird, handelt davon, dass eine Kollegin des Umfragefrageteilnehmers täglich darauf besteht, dass Kinder immer alles auf ihrem Teller probieren müssen. Weinende Kinder werden teilweise von der betreffenden Fachkraft ausgeschimpft und müssen am Tisch sitzen bleiben, während die restlichen Kinder sich bereits ausziehen. Liegen die anderen dann bereits in ihren Betten und die Zeit wird knapp, so wird den noch sitzenden Kindern einzeln der Löffel mit einem „Kosteklecks" in den Mund geschoben. Sie kommentiert das den Kindern gegenüber mit einem: „War das jetzt so schwer?" Einmal übergab sich ein Kind im Anschluss daran und wurde von der ausführenden Kollegin direkt dafür angeschrien und ausgeschimpft.

Diese Situationen zeigen klar auf, dass Erwachsene „mächtiger" sind als Kinder. Laut Knauer und Hansen herrscht in pädagogischen Beziehungen immer ein ungleiches Machtverhältnis (vgl. 2010, S. 24).

Macht gibt es auch in Bezug auf adultistische Sprache. Diese kam in der Umfrage ganz konkret 26 Mal vor. Eine Situation fand am Maltisch statt. Einem Kind wird von der Fachkraft eine Schere aus der Hand gerissen, mit den Worten: „Nein, du darfst mit der Schere nicht schneiden. Das ist viel zu gefährlich. Du bist noch viel zu klein dafür." Diese Aussage deckt sich mit Rempels (vgl. 2011, S. 38) Beschreibung von der sogenannten Deutungshoheit Erwachsener, die glauben zu wissen, was das Richtige für Kinder ist und was sie gerade benötigen (vgl. 2011, S. 38). In den weiteren Beispielen wird dies genauso deutlich wie im nächsten Ausspruch einer Fachkraft: „Du hast gar keinen Grund, sauer zu sein! Werd erstmal so alt wie ich!" Einem anderen, schluchzenden Kind wird gesagt: „Hör mal auf zu heulen. Du bist doch kein Baby mehr!" In der nächsten Handlungssituation fiel ein Kind hin und weinte am Boden liegend. Es wird am Arm von einer Fachkraft hochgezogen, die dabei sagt: „Schnell steh wieder auf!" Dabei erschrickt sich das Kind und weint noch heftiger. „Zwei Mal", beschreibt der Umfrageteilnehmer, „strich die Fachkraft dem Kind über den Kopf." Dann meinte sie, das sei „halb so schlimm", und ließ das Kind allein. Ein ebenso deutliches Beispiel aus der Kategorie Sprache schildert ein Umfrageteilnehmer: „Ein Kind malt ein Bild mit einer Wiese, Blumen Baum, Himmel, Wolken. Alles in Rosa." Das sei alles ganz falsch, bewertete die Erzieherin das Bild, denn der Himmel müsse blau sein und die Wiese natürlich grün. Das Kind erwiderte darauf, dass rosa ihre Lieblingsfarbe sei und es ihr ausdrücklicher Wunsch sei, dass alles rosafarben ist.

Im folgenden Beispiel einer Fachkraft erfragte ein Kind, warum es nicht im Flur spielen dürfe? Die Antwort der Erzieherin lautete: „Weil ich das so sage!" Adultistische Sprache kennzeichnet sich laut einem Teilnehmer dadurch, dass Kinder in ihren Gefühlsäußerungen auf Grund ihres Alters abgewertet werden. Damit sind laut dieser Aussagen wie diese gemeint: „Hör mal auf zu heulen. Du bist doch kein Baby mehr!" Eine weitere Fachkraft forderte ein Kind auf, lieber herumzutoben, statt den ganzen Tag nur herumzusitzen und zu malen. Besonders kritisch sieht es ein Teilnehmer, wenn Kinder in ihrer Sprachentwicklung noch Unterstützung benötigen und Erwachsene vorgeben, sie wüssten nicht, was das Kind benötigt. Konkret klingt das dann für diesen so oder zumindest ähnlich: „Wenn Du mir nicht sagen kannst, was du möchtest, kann ich dir eben auch nicht helfen!"

Sprache ist ein wichtiges Medium zur Kommunikation. Sie hat auch eine normierende und bewertende Funktion. Kinder erlernen und erleben dies bereits von klein auf (vgl. Wagner/ Bostanci, 2013, S. 3). Eine Abwertung durch negative Äußerungen von Erwachsenen gegenüber ihrer eigenen Person durch Sprache, die laut Richter (vgl. 2013, S. 7) in einen normalen Sprachgebrauch überging, kommt in den beschriebenen Beispielen klar zum Ausdruck (vgl. 2013, S. 7).

Ein weiteres Thema ist die Kleidung. Sie findet sich in der Umfrage ganze zwölf Mal wieder. Ein Erzieher ging, im ersten Beispiel, nach dem Turnen mit drei Kindern in die Garderobe. Ein vierjähriges Kind hat Schwierigkeiten sich selbstständig anzuziehen. Der Erzieher äußerte: „ Ach du schon wieder. Wie immer, du kannst das ja nie. Wenn du so weiter machst, bleibst du für immer in der Gruppe, und ich nehme Dich nirgendwo mehr mit hin. Du gehst mir so tierisch auf die Nerven." Das Kind sitzt nach Aussage des Erziehers eingeschüchtert da. Ein anderes

Kind fragte den Erzieher nun, warum er schimpfe, nur weil X das noch nicht könne? Seine Antwort lautete: „Das liegt daran, dass seine Eltern das einfach nicht auf die Reihe kriegen."

Im nächsten Beispiel geht es um einen Tag, an welchem das Wetter sehr mild war. Ein Kind wollte seine Mütze partout nicht aufsetzen. Die Erzieherin besteht laut Umfrageteilnehmer aber immer darauf, dass alle Kinder eine Kopfbedeckung aufsetzen. So auch das Kind von dem bekannt ist, dass es schnell am Kopf schwitzt. Es äußerte der Erzieherin gegenüber bereits nach kurzer Zeit, dass es nassgeschwitzt sei. Sie glaubte ihm nicht. Mehrfach nahm das Kind die Mütze ab, woraufhin die Erzieherin dieses zur Strafe in die Garderobe setzte.

Ein letztes Beispiel im Bereich Kleidung handelt von einem Tag, an dem es laut Fachkraft sehr kalt draußen war. „ALLE Kinder ziehen Jacken und Mützen an!", ordnete die Erzieherin an, welche laut Umfrageteilnehmer glaubte, die Temperatur aufgrund eigener Erfahrung abschätzen zu können und daher klar anordnete, dass alle Kinder sich warm anziehen müssen. Die Definition von Adultismus besagt, es sind Erwachsene, die sich selbst als reifer, intelligenter und verantwortungsbewusster begreifen und die damit das alleinige Recht beanspruchen, Kinder zu bevormunden (vgl. NCBI, 2004, S. 10). Die aufgeführten Situationen lassen dieses adultistische Verhalten deutlich erkennen. Es ist offensichtlich, dass hier keinerlei Partizipation stattfand.

Eine weitere Thematik im Bereich Adultismus ist die Schlafsituation. Die Umfrageteilnehmer führten dazu sieben Beispiele auf. Ein Teilnehmer empfindet Schlafsituationen allgemein bereits als ein Beispiel für Adultismus, da müde Kinder vor der Schlafenszeit wachgehalten werden und Kinder, die gar kein Schlafbedürfnis verspüren, liegen bleiben müssen. Das deckt sich mit der Aussage eines weiteren Teilnehmers: „Kinder müssen schlafen, obwohl sie extrem aufgedreht sind. Bis zu zwei Stunden wird versucht die Kinder zum Schlafen zu bringen." An kindlichen Bedürfnissen komplett vorbei, beschreibt eine Fachkraft, sei es, Kinder zum Schlafen mit festhalten zu zwingen. Ein Beispiel benennt ein weiterer Teilnehmer: „Ein Kind möchte nicht schlafen. Es MUSS sich hinlegen. Es MUSS still liegen. Es MUSS die Augen zu machen." Adultismus wird laut LeFrancois als die Unterdrückung verstanden, welche Kinder durch und von Erwachsenen erfahren (vgl. 2013, S. 1). Die beschriebenen Situationen des „Schlafzwangs" sind offensichtlich eine Form der Unterdrückung von Kindern.

In der Umfrage wurden noch weitere Situationen beschrieben, welche Themen beinhalten, die sich unter anderem auf den Morgenkreis, Strafen, Aufräumsituationen, Toilettenzwang und Einnässen beziehen. Einige sollen im Folgenden Platz finden. Die erste Situation fand im Morgenkreis statt. Ein Kind möchte nicht mitsingen und musste sich deswegen vor die Gruppentür stellen.

Ein weiterer Teilnehmer berichtet Ähnliches. Nur sind es hier mehrere Kinder, die nicht am Morgenkreis teilnehmen wollten. Sie haben der Fachkraft angeboten, währenddessen leise in der Bauecke zu spielen. Diesen Vorschlag ignorierte diese und forderte die Kinder in bestimmendem Tonfall auf, sich an bestehende Regeln zu halten, da die Teilnahme am Morgenkreis für sie indiskutabel ist. Eine andere Fachkraft brachte ein dreijähriges Kind, welches sich eingenässt hatte, zu den Krippenkindern. Dort bekam es gesagt, es sei in der Krippe besser aufgehoben. „Du Baby, nur Babys pullern in die Hose", lauteten ihre Worte. Zum Thema Aufräumen schildert ein Teilnehmer, wie alle Kinder Spielsachen wegräumten. Nur ein Kind spielte völlig vertieft, bis es von der Erzieherin angeschrien wurde, es solle zusehen, endlich aufzuräumen. Ein anderer Umfrageteilnehmer erlebte, wie alle Kinder einer Gruppe am Tisch saßen ohne Spielsachen oder andere Dinge. Sie mussten am Tisch sitzen, weil es der Kollege so wollte. Denn die Kinder hatten im Spätdienst nicht aufgeräumt. Als nachgehakt wurde, warum der besagte Kollege so handelte, versuchter dieser zu überzeugen, dass diese Methode den gewünschten Lerneffekt bringe, den er sich wünsche.

In einem anderen Beispiel beschreibt ein Teilnehmer die Beobachtung, in welcher ein Kind gefragt wurde, ob es auf Toilette müsse. Dieses verneint die Frage. Die Erzieherin schob das Kind dennoch ins Bad, zog es aus, setzte es auf den Toilettensitz. Sie blieb direkt daneben stehen, sodass das Kind keine Möglichkeit zur Flucht hatte. Ein anderes Kind schaffte es nicht zur Toilette und wurde von der Erzieherin ins Bad gestellt. Dort warf sie diesem den Beutel mit dessen Wechselsachen vor die Füße. Sie kommentierte dies mit: „Das musst du in deinem Alter ja schon mal alleine können." Mit diesen Worten wandte sie sich ab, drehte sich zu den anderen Kindern vor der Tür und teilte diesen mit, dass „das Kind drinnen eingepinkelt habe" und daher in Ruhe gelassen werden solle.

Eine Trennungssituation am Morgen schildert ein Teilnehmer im Folgenden. Ein Kind, was von seiner Mama zur KiTa gebracht wurde, versteckte sich hinter dieser. Als die Mama sich verabschieden wollte, begann das Kind zu weinen und äußerte, bei ihr bleiben zu wollen. Daraufhin nahm eine Erzieherin das Kind auf den Schoß und tröstete es. Daraufhin wurde sie von einer Kollegin aufgefordert, das Kind vom Schoß zu nehmen, denn es müsse das schließlich aushalten. Kinder würden dadurch doch gestärkt, war ihre Ansicht.

Eine weitere Situation, die indirekt mit dem Thema Essen im Zusammenhang steht, spielte sich im „Kinderrestaurant" ab. Laut des Umfrageteilnehmers bekamen alle Kinder vorm Gang zum Essen mitgeteilt, welches Besteck sie bräuchten. Es gab Suppe. Ein Kind griff sich eine Gabel. Am Platz angekommen, bemerkte es seinen Fehler und wollte zum Besteckkasten zurück. Dessen Erzieherin erteilte ein Verbot. Das Kind war nun gezwungen die Suppe mit der Gabel zu essen.

Alle komplett hier aufgeführten Handlungssituationen stellen eine Diskriminierung von Kindern dar, wie Hormel und Scherr diese definieren. Die betroffene Personengruppe sind hier die Kinder. Diese werden abwertend durch Fachpersonal behandelt (vgl. 2019, S. 150). Konkret zeigt sich an all diesen Handlungssituationen Adultismus sehr deutlich als die erste Diskriminierungsform, die alle Menschen wenn sie jung sind, durchleben. Was dazu führt, dass Kinder durch Erwachsene erfahren wie normal es ist, andere abzuwerten und zu unterdrücken (vgl. Paritätischer Gesamtverband, 2021).

In einigen dieser Beispiele kamen Strafen vor. Strafen und Maßnahmen gegen unerwünschte Verhaltensweisen von Kindern sind laut Liebl, eine von vier von ihm benannten altersspezifischen Diskriminierungsformen (vgl. 2020, S. 28). Was aber bewirken Strafen? Und wie sieht es mit Konsequenzen aus? Sind auch diese adultistisch?

5.2 Konsequenzen versus Strafen?

In den vorab beschriebenen Handlungssituationen wurde ein Kind als Strafe für das mehrfache Absetzen seiner Mütze in die Garderobe gesetzt. Ein anderes wurde aus seiner KiTa - Gruppe in die Krippe gebracht, weil es eingenässt hatte. Laut Kohn (vgl. 2013, S. 61) zeigt der Umgang von Erwachsenen gegenüber Kindern oftmals eine respektlose Ignoranz bezüglich deren Bedürfnissen und Interessen (vgl. 2013, S. 61). Werden Kinder bestraft um sie zum Gehorchen zu bringen, entsteht in ihnen ein Gefühl der Hilflosigkeit. Das jedoch ertragen sie absolut nicht. Es hat zur Folge hat, dass sie weiter provokativ auf Konfrontation gehen, damit sie zeigen können, auch sie sind zumindest etwas machtvoll (vgl. Kohn, 2013, S. 67). Strafen demonstrieren Macht, so Rodriguez (vgl. 2019, S. 90). Eine bewusste Manipulation durch Erwachsene erfolgt, auf Grund eines vorwiegend negativ behafteten Bildes vom Kind, welches noch geformt werden müsse (vgl. Rodriguez, 2019, S. 90). Laut Saalfrank (vgl. 2017, S. 149) erfolgen Strafen immer als Gewalt. Es ist gleich, ob diese auf seelischer oder körperlicher Ebene stattfinden. Sie führen zu Verletzungen und Kränkungen, die bei den betroffenen Kindern oft nicht sichtbar sind (vgl. 2017, S. 149). In der Umfrage beschreibt eine Fachkraft eine Situation, in welcher sie Kinder an geltende Regeln erinnert hatte. Wenn sie erneut dagegen verstoßen würden, käme eine Aufklärung über die Konsequenzen zum Regelverstoß. Folgt darauf ein zweiter Verstoß, sollten diese dann über die anschließenden Konsequenzen aufgeklärt werden. Gibt es daraufhin einen dritten Verstoß, sei die Zurechtweisung der Kinder nötig und die Fachkraft müsse nun die vorab angekündigten Konsequenzen durchführen. Saalfrank (vgl. 2017, S. 157) merkt an, dass im Umgang mit Kindern das Wort „Strafe" als solches, oft einfach durch „Konsequenzen" ersetzt wird. Strafen seien Manipulation, Konsequenzen dagegen sind als weniger problematisch angesehen. Wobei sich diese genauso negativ auf Kinder auswirken.

Saalfrank (vgl. 2017, S. 157) meint, selbst wenn diese von den Erwachsenen als „logische Konsequenz" bezeichnet werden, so handelt es sich in den meisten Fällen doch um Sanktionen (vgl. 2017, S. 157). Natho (vgl. 2015, S.8) beschreibt, dass besonders pädagogische Fachkräfte an eine zielführende Wirkung durch Konsequenzen glauben. Strafen als Erziehungsmethoden werden nicht mehr genutzt, da diese in einer Zeit, wo Partizipation gelebt werden soll, als moralisch verwerflich angesehen werden. Dafür werden Konsequenzen als konstruktiv wertgeschätzt und oft sogar eingefordert.

Wird konsequentes Verhalten allerdings näher betrachtet, fällt auf, dass sich dahinter noch immer Strafmaßnahmen oder derartige Androhungen verstecken. Denn „echte" Konsequenzen stellen Ereignisse dar, welche sich ganz von allein, als Folge auf vorheriges Verhalten, ergeben (vgl. Natho, 2015, S. 8). Rodriguez (vgl. 2019, S. 90) erklärt, dass die meisten Menschen meinen, Kinder benötigen die Erfahrung, dass ihr Verhalten ein Nachspiel mit sich bringt. Meist wird dies von den Erwachsenen vorgegeben beziehungsweise angedroht. Menschen gehen oftmals davon aus, sie seien nur zu dem geworden, was sie heute sind, auf Grund eigener leidvoller Strafen aus der Kindheit. Es habe ihnen nicht geschadet Übergriffe durch Erwachsene erfahren zu haben. Damit wird oft eigenes übergriffiges Verhalten gegenüber Kindern begründet (vgl. Rodriguez, 2019, S. 90). Laut Juul (vgl. 2012, S. 31) wirkt es auch immer, wenn die Schwächeren von den Stärkeren gestraft werden. Doch das habe nichts mit Erziehung zu tun, sondern gleiche einer Dressur.

Strafende Konsequenzen lassen ein Ohnmachtsgefühl bei dessen Empfänger zurück. Sie erzeugen Wut und können dazu führen, dass Täter, die sich in einer Opferrolle wiederfinden, vermutlich selbst einmal zu Tätern werden, erklärt Kohn. Da Kinder durch Vorbilder lernen, erfahren sie durch ihre Bezugspersonen, dass es nicht um Recht geht, sondern um Macht (vgl. 2013, S. 82).

Betrachtet man also die beiden Begriffe so zeigt sich, dass Konsequenzen oft nichts anderes sind als Strafen (vgl. Natho, 2015, S. 8).

Erwachsene sind es, die Konsequenzen und Strafen aussprechen. Sind sie somit den Kindern überlegen?

5.3 Die Macht der Erwachsenen

Es stellt sich laut Rodriguez (vgl. 2019, S. 150) hierzu die Frage, ob tatsächlich kein Erwachsener mehr eine Erinnerung daran hat, wie es sich anfühlte Kind zu sein? Erinnerungen an diese Zeit, an die durchlebten Gefühle wie Traurigkeit, Angst, Sorgen und Nöte, Freude und vor allem wie wir behandelt wurden seitens der „Großen". Laut Rodriguez gibt es nur eine Frage, die wirklich gestellt wird. Zumindest scheint es so, als ob wir uns lediglich fragen, was es ist, ein Kind? Hieraus folgt die Entwicklung einer Idee und dieses Gebilde wird dementsprechend erzogen. Es folgt keine Unterteilung mehr in „Kind" oder „Erwachsener", sondern es entsteht maximal ein Paradigma voller Zuschreibungen. Aus diesem entwickeln sich Vorurteile und Herabsetzungen, was wiederum die Grundlage für Adultismus ist (vgl.

Rodriguez, 2019, S. 150). Ein Umfrageteilnehmer äußerte sich erschüttert darüber wie präsent Themen wie Macht und Kontrolle noch immer sind. Machtabgabe an Kinder falle einigen Erwachsenen, oftmals aus Angst, schwer. Dabei können Kinder mit eigenen Ideen inspirierend sein. Mienert (vgl. 2017, S. 110), der in diversen Einrichtungen Fachkräfte beobachtete, vermutet als Grund für deren Machtkämpfe mit Kindern, ihren eigenen Selbstwert. Machtgefälle, aufgebaut auf dem Prinzip, nur die Erwachsenen wüssten alles, geben ihnen durch ihre Überlegenheit die alleinige Entscheidungsgewalt. Ziel ist es, dies zu verdeutlichen, indem Kinder aus Machtkämpfen quasi als Verlierer hervorgehen (vgl. Mienert 2017, S. 155).

Wo die Grenzen liegen und welche Regeln angewandt werden, entscheiden nur die Erwachsenen. So beschreibt Ballmann (vgl. 2019, S. 147) autoritäre Erziehung. Was die Bedürfnisse der Kinder sind und wie deren eigene Meinungen lauten, wird ignoriert, denn diese haben zu hören. Ein Umfrageteilnehmer empfindet Adultismus als verbale Kindeswohlgefährdung. Kinder werden laut ihm zu Befehlsempfängern degradiert. Das eigene Denken der Kinder werde beschnitten. Deren eigene Gefühle und Bedürfnisse dürften nicht ausgelebt werden oder sie sind zumindest drastisch reduziert. Missbrauchen Menschen ihre Macht, meint Ballmann (vgl. 2019, S. 148), besonders in Bezug auf Kinder, die ihnen anvertraut werden, so ist ein Eingriff von außen notwendig. Denn laut eines Umfrageteilnehmers sei es einfach nur schrecklich und beschämend wie tief dieses Verhalten noch in den Köpfen ist. Laut diesem sei Inklusion unmöglich, da Adultismus die Rechte und die Individualität der Kinder mit Füßen tritt. An dieser Stelle sei wiederholt erwähnt, dass Erwachsene meinen, sie seien kompetenter und besser als Kinder und dürfen daher ohne deren Zustimmung über sie bestimmen (vgl. NCBI, 2013). In der Umfrage bestätigt ein Teilnehmer diese Definition mit folgender Aussage: „Als Adultismus bezeichne ich jeden Dialog mit Kindern, der davon ausgeht, Kinder wüssten nicht, was für sie gut ist und der Kinder nicht ernst nimmt. Adultismus geht nicht auf die Bedürfnisse der Kinder ein und lässt sie wenig ausprobieren, denn die Erwachsenen wissen es ja besser." Erfahrungslernen sei so kaum möglich, da Adultismus Kinder von oben herab behandelt und der Dialog auf Augenhöhe fehle. Dies wird in der nachfolgenden Handlungssituation durch einen Umfrageteilnehmer thematisiert, indem dieser eine Situation beschreibt, in welcher ein sehr emotionales, sechsjähriges Kind, das in einem Spiel verlor, weinte. Die betreuende Erzieherin meinte dazu: „Du musst dich mal beruhigen. In der Schule kannst du auch nicht wegen jedem Blödsinn weinen!" Die Aussage dieser Fachkraft bestätigt die Annahme von Dolderer (vgl. 2010, S. 13), dass Erwachsene glauben, Kinder werden erst mit ihrer Hilfe durch Erziehung gesellschaftsfähig und rufen dadurch ein bedachtes Handeln bei ihnen hervor. Das führt zu einem bestimmenden, machtvollen, kindliche Bedürfnisse und Interesse ignorierendem Verhalten.

Die Kinder, welche sich nach dem Vorlesen der Machtgeschichte über das Aufräumen äußerten mit Aussagen wie: „Die Erzieherin wird schimpfen." oder „Mio wird auf die Bank vor die Tür zur Strafe gesetzt.", zeigen damit, dass sie Adultismus bereits verinnerlichten und als etwas Alltägliches wahrnehmen (vgl. Ritz, 2013, S. 5).

Inwieweit werden Kinder in ihrem Selbstwert durch Adultimus beeinflusst?

5.4 Mögliche Auswirkungen auf das Selbstwertgefühl der Kinder

„Es ist erschreckend was immer noch in den Kitas passiert. Wie ungerecht viele Erzieher zu Kindern sind. Wie viele Male sie am ganzen Tag Nein hören müssen, nur weil es einer Erzieherin nicht passt.", zitiert ein Umfrageteilnehmer. Dieser ist nach eigener Aussage über das Verhalten einiger Erzieher sehr betroffen. Das weist darauf hin und bestätigt Rempel (vgl. 2011, S. 38), dass jene Erzieher sich für kompetenter halten, in Bezug auf ein Urteil über die tatsächlichen Fähigkeiten de Kinder.

„Es ist wichtig", so ein weiterer Umfrageteilnehmer „auf Augenhöhe des Kindes zu gehen, dem Alter des Kindes entsprechend Sachverhalte zu erklären" und ein Kind selbst sprechen zu lassen. Weiterhin notwendig sei es „sich Zeit für Kinder zu nehmen, liebevoll und wertschätzend auf sie einzugehen, ihnen zuzuhören und sie zu beobachten." Gegebenenfalls, meint er, müsse eine Reflexion im Team stattfinden. Eine andere Fachkraft stellt fest, wie bedeutsam im Umgang mit Kindern es ist ihre kindlichen Bedürfnisse zu übersetzen und in Worte zu kleiden. Die Aussagen der Umfrageteilnehmer benennen die enorme Bedeutung der positiven Gefühlsbindungen von Kindern zu ihren Bezugspersonen. Diese sind wichtig für eine positive Entwicklung des Selbstwertgefühls. Die Expertenansicht von Frank und Martschinke (vgl. 2012, S. 12), Kinder benötigen ein positives Bild von sich selbst, damit ihre Entwicklung ganzheitlich gelingen kann, spiegelt sich hier wieder. Die Beeinflussung des Selbstwertgefühls durch Erwachsene ist immens wichtig und wird auch von einer Fachkraft benannt: „Ich glaube, Kinder von heute brauchen SICHERHEITSGEFÜHL, SICHTBARKEIT UND ANERKENNUNG sowie WIRKSAMKEIT im positiven, der einzelnen Persönlichkeit in dem ganzen System, welches nach absoluter Anpassung schreit. Das Selbstwertgefühl", meinte diese und „die Resilienzfähigkeit der Kinder seien oft negativ behaftet". Kinder beziehen alles was sie über sich selbst wissen und durch andere wahrnehmen, besonders die Reaktionen ihrer Bezugspersonen, auf ihre eigenen Fähigkeiten (vgl. Rempel, 2011, S. 38). Daher ist das Verhalten der Bezugspersonen gegenüber Kindern von großer Bedeutung. Kindern auf Augenhöhe mit Respekt und Empathie zu begegnen, trägt zur Entwicklung von Vertrauen bei, so ein Umfrageteilnehmer. Schwächen anzunehmen und Stärken zu nutzen, sei Grundvoraussetzung dafür, dass es Kindern gut gehe.

Handeln Erziehungspersonen jedoch übergriffig wie das bei Adultismus der Fall ist, so belegt die Resilienzforschung, wirkt sich das negativ auf die Resilienz der Kinder aus. Diese bildet sich in der Kindheit. Sie entsteht durch positive Kindheitserfahrungen mit Hilfe enger emotionaler Bindung an Bezugspersonen. Ohne diese entwickelt sich ein ungesundes Selbstwertgefühl und es mangelt an Selbstvertrauen (vgl. Rodriguez, 2019, S. 90). Laut Ballmann (vgl. 2019, S. 35) irritiert es Kinder, wenn sie adultistisch behandelt werden. Die Entwicklung ihres Selbstbewusstseins leidet, wenn sie sich in ihrem Sein nicht angenommen fühlen. Die Hirnforschung besagt, dass psychische Gewalt im Gehirn den gleichen Schmerz auslöst wie körperliche (vgl. Ballmann, 2019, S. 38). Rodriguez (vgl. 2019, S. 30) beschreibt die Auswirkungen von Adultismus damit, dass Kinder das Vertrauen in eigene Fähigkeiten, Interessen und Bedürfnissen verlieren. Sie beginnen, sich nicht ernst genommen und falsch zu fühlen. Mit großer Wahrscheinlichkeit hat dies zur Folge, dass sie erwachsen werden und ihre eigenen Bedürfnisse nicht kennen und spüren.

Was bedeutet dies nun für Pädagogen?

5.5 Relevanz für pädagogische Fachkräfte

In den vorangegangen Kapiteln wurde deutlich wieviel Einfluss Erwachsene auf Kinder und deren Entwicklung haben. Nehmen Erwachsene Kinder mit ihren Bedürfnissen wahr, können diese ein gesundes Selbstwertgefühl entwickeln. Ballmann (vgl. 2019, S. 191) schreibt dazu, dass pädagogische Fachkräfte immer Vorbilder sind, die die Kinder nachahmen.

In der Umfrage wurde eine Situation benannt, in welcher ein Kind eine Suppe mit einer Gabel essen musste. Ein weiteres sollte sich nach dem Einnässen allein im Bad umziehen. Beide Male geschah dies vor den anderen Kindern der Gruppe. Maywald (vgl. 2019, S. 42–43) spricht in diesem Zusammenhang von Beschämung und Entwürdigung. Diese sind Formen von seelischer Gewalt, welche die psychische Gesundheit beeinträchtigen. Sie gehen mit Vertrauensverlust einher und sind absolut unzulässig. Im Fallbeispiel mit der Gabel, nennt der Umfrageteilnehmer als Handlungsalternative, dass das Kind die Gabel einfach hätte gegen einen Löffel umtauschen dürfen, ohne jegliche Bewertung oder Bloßstellung vor den anderen Kindern. Bezüglich des Einnässens wäre hier laut Umfrageteilnehmer die Alternative gewesen, das Kind zu trösten und dem Kind verständnisvoll mitzuteilen, dass so etwas passieren kann. Dann sollte in so einer Situation das betroffene Kind liebevoll gesäubert und ihm trockene Kleidung angezogen werden.

Werden Kinder angeschrien wie in dem Beispiel aus der Umfrage, wo ein Kind völlig ins Spiel vertieft ist, statt aufzuräumen, fügt das den Kindern seelischen Schaden zu. Maywald (vgl. 2019, S. 45) bezeichnet dies als eine Form von verbaler Gewalt, die Kinder einschüchtert.

Mehrfach wurden in der Umfrage Beispiele benannt, in denen es um Essenszwang verschiedenen Ausmaßes ging. Hierzu obliegt laut Maywald (vgl. 2019, S. 54) die Entscheidung beim Kind, ob es Nahrung zu sich nimmt. Die persönliche Integrität und Kontrolle über den eigenen Körper stehen hier im Fokus. An Tischregeln und am Speisenangebot, für welches Erwachsene zuständig sind, sollen Kinder dem Alter entsprechend beteiligt werden.

Essenszwang kann zu Essstörungen und weiteren Auffälligkeiten führen und ist eine Form von körperlicher sowie seelischer Gewalt. Wedewardt (vgl.2019) spricht davon, dass Fachkräfte die Hoffnung und Erwartung innehaben, wenn es um einen sogenannten Kosteklecks oder Probierhappen geht, Kinder würden sich dadurch gesünder ernähren. Tatsächlich ist das Gegenteil der Fall.

Häufig führt Zwang eher dazu, dass Kinder bestimmte Lebensmittel fortan meiden und einen regelrechten Hass dagegen entwickeln. Kindern sollte vertraut werden, dass sie kompetent genug sind, ein gesundes Gespür dafür zu haben, was ihr Körper benötigt (vgl. Wedewardt, 2019). Ein Umfrageteilnehmer meint, dass das Essen und auch die Menge, die gegessen wird, mit Kindern thematisiert werden könne. Dies wäre unter dem Aspekt, dass alle Menschen verschieden sind und unterschiedlich in Bedürfnissen und Geschmäckern sinnvoll. Vorgeschlagen wird, bereits im Vorfeld zu besprechen, wie man am besten mit unbekannten Lebensmitteln umgeht. Dabei solle immer im Auge behalten werden: „Essen ist ein Bedürfnis und ein Genuss und sollte nie als Strafe genutzt werden. Der Nachtisch ist Teil der Mahlzeit und niemals Belohnung oder Strafe."

In der Umfrage ging es weiterhin um Situationen, die das Thema Schlafen fokussierten. Bei der Dauer des Schlafes und beim Schlaf-Wach-Rhythmus gibt es schon bei jüngeren Kindern große Unterschiede. Es benötigt laut Maywald (vgl. 2019, S. 57), flexible Schlafenszeiten und Möglichkeiten zum Ruhen. Von einer Pflicht zum Mittagsschlaf rät er ab, genauso wie von Schlafentzug. Guter Schlaf ist essentiell für die Gesundheit. Das Einrichten eines Wachraumes, in welchem Kinder sich leise beschäftigen können, schlägt eine pädagogische Fachkraft zu dieser Thematik als Alternative zum „Schlafzwang" vor. Eine weitere meint dazu, es solle Individueller auf das Schlafbedürfnis der Kinder eingegangen werden. Sodass eine liebevolle Einschlafbegleitung gewährleistet werden kann. Wichtig sei es, konkret zu beobachten, ob ein Kind bereits genug Vertrauen habe, um überhaupt schlafen zu können.

Das Thema der Nötigung zum Toilettengang wurde ebenfalls situativ in der Umfrage benannt. Diesbezügliche Zwangsanwendung oder seelischer Druck, sind laut Maywald (vgl. 2019, S. 60) tabu. Hierzu äußert ein Teilnehmer, es solle mit Kindern gesprochen werden, ob sie auf Toilette müssen. Gleichzeitig sollten Fachkräfte „den Kindern vermitteln, dass es ihr Körper ist und sie selbst darüber entscheiden dürfen."

Es benötigt Unterstützung seitens der Fachkräfte, aber auch das Gewähren von Selbstverantwortung und Eigenaktivität der Kinder (vgl. Maywald, 2019, S. 60).

Fletcher (vgl. 2020, Übersetzung der Verfasserin) nennt es bereits adultistisch nur an junge Menschen zu denken. „Wir verhalten uns adultistisch, wenn wir unseren eigenen Adultismus nicht sehen. Wir hören auf Adultismus herauszufordern, wenn wir keine Maßnahmen ergreifen, um unseren eigenen Adultismus zu bekämpfen."

Macht ist laut Knauer und Hansen (vgl. 2010, S. 25) in Kindertageseinrichtungen oft ein negativ behaftetes, nicht wahrgenommenes, dennoch wichtiges Thema. Ein Bewusstsein dafür zu schaffen, ist besonders bei pädagogischen Fachkräften von Bedeutung. Gewalt oder gar Zwang sind von Macht zu unterscheiden. Diese dürfen ausschließlich bei dringender Notwendigkeit zum Schutz von Kindern eingesetzt werden. Gelebte Partizipation ist dazu notwendig, genau wie die Fähigkeit und die Bereitschaft zum Dialog (vgl. Knauer/ Hansen, 2010, S. 25).

Mienert (vgl. 2017, S. 165) zufolge sind die meisten Machtkämpfe zwischen Fachkräften und Kindern nur Scheinkämpfe. Oftmals sind nicht das Essen, der Schlaf oder die Kleidung Gründe für Auseinandersetzungen, sondern es geht in Wahrheit um eigene Erwartungshaltungen, Glaubenssätze, Prägungen, Werte, Konditionierung und Ideale. Biographiearbeit ist daher für Ballmann (vgl. 2019, S. 176) der Schlüssel, um eigene Erfahrungen aufzuarbeiten und um zu einem empathischen Perspektivwechsel fähig zu sein.

Selbstreflexion trägt zur eigenen Auseinandersetzung mit eigenen erlernten Denk- und Handelsweisen bei (vgl. Ballmann, 2019, S. 178). Ein Umfrageteilnehmer betont, wie wichtig es sei, Kinder partizipierend auf Augenhöhe zu begleiten. Nicht immer sei es einfach, auf die Bedürfnisse der Kinder einzugehen. Sollte dies der Fall sein, sei es bedeutsam sich selbst zu reflektieren und zu hinterfragen, was gerade eigenen Stress verursachte. Nur dann sei es möglich Machtbewusstsein zu entwickeln und bestimmte Verhaltensweisen zu ändern. Auch Maywald (vgl. 2019, S. 91) empfiehlt die Reflexion eigener Lebenserfahrungen für Fachkräfte, da diese Einfluss auf die eigene Haltung und Werturteile haben. Laut Winkelmann (vgl. 2019, S. 77) darf diese Selbstreflexion kritisch, aber auch wertschätzend und nicht verurteilend, der eigenen Person gegenüber sein.

Kinder benötigen reflektierte, neugierige Persönlichkeiten, die fehlerfreundlich agieren. Auf diese Weise lernen Kinder die Bedeutung von Fehlern kennen. Sie bieten die Chance aus ihnen zu lernen (vgl. Ballmann, 2019, S. 191). In Bezug auf die Kinder ist Beziehung das A und O. Fühlen sich die Kinder gut aufgehoben und wahrgenommen von ihren Bezugspersonen, ist eine gesunde Entwicklung möglich (vgl. Ballmann, 2019, S. 190). Rodriguez (vgl. 2019, S. 155) empfiehlt für ein gutes Gelingen aktives Zuhören zu nutzen, präsent und Kindern gegenüber transparent zu sein. Fachwissen ist für pädagogische Kräfte notwendig und eine offene, akzeptierende eigene Grundhaltung. Mienert (vgl. 2019, S. 95) bezeichnet eine Fachkraft als Bindungs- und Vertrauensperson, die Sicherheit gibt und damit

Raum schafft für Explorationsverhalten seitens der Kinder. Sie ermöglicht das allein durch ihre Präsenz und eine vertrauensvolle Beziehung.

„Öfter die Perspektive wechseln", schlägt ein Umfrageteilnehmer für den Umgang mit Adultismus vor, wie auch eine Sensibilisierung von pädagogischen Fachkräften für die Themen der Kinder. Über Fortbildungen könne Empathie weiterentwickelt werden, denn: „Jedes Team und jeder Pädagoge benötigt meiner Meinung nach einmal pro Monat eine fachlich fundierte Supervison."

Ein weiterer Teilnehmer, welcher laut eigener Aussage Weiterbildungen zum Thema Adultismus gibt, bezeichnet Kinder „als Experten ihrer selbst". Keiner außer ihnen wisse besser, was sie tatsächlich brauchen. Ein wichtiger Punkt sei es, Kollegen auf beobachtete Situation anzusprechen und gegebenenfalls einzuschreiten, meint eine weitere Fachkraft. Ihrer Meinung nach, wird in Kitas viel zu viel geduldet und weggeschaut. Maywald (vgl.2019, S. 94) empfiehlt pädagogischen Fachkräften, die ein Fehlverhalten bei Kollegen bemerken, schnellstmöglich ein achtsames, nicht bewertendes Gespräch mit diesen in geschütztem Rahmen zu führen. „Es müssen Konzepte her wie man mit Mitarbeitern umgeht, die solch ein Verhalten zeigen", wünscht sich ein Teilnehmer der Umfrage. Weiterhin müssten alle gemeldeten Vorfälle bei Leitung und Träger immer ernst genommen werden.

Fachkräfte haben demzufolge offensichtlich großen Einfluss darauf wie sich ihre Klienten entwickeln. Ein Bewusstsein für sich selbst, den eigenen Einfluss und ihre tatsächliche Macht, sind somit essenziell.

Wie verhält es sich mit Grenzen in Kindertageseinrichtungen?

5.6 Grenzen und Regeln

„Ich bin als Erzieherin in meiner Gruppe zuständig. Meine Aufgabe ist es auch Kinder vor möglichen Gefahren zu schützen wie zum Beispiel im Straßenverkehr", äußert sich eine Umfrageteilnehmerin kritisch, denn es könne tödlich enden, wenn sie die Kinder einfach machen lasse. In unserer Gesellschaft, so meint Ritz (vgl. 2010, S. 9), können Kinder tatsächlich nicht immer die gleichen Rechte wahrnehmen wie Erwachsene. Diese sei voller Gefahren für Kinder, da die Struktur und Gestaltung der Gesellschaft optimal für Erwachsene ausgelegt ist. Um im benannten Einwand Schutz zu gewährleisten, so Rodriguez (vgl. 2019, S. 99), könne altersabhängig für eine gewisse Zeit Straßen gemieden oder auf Alternativen zurückgegriffen werden.

Angst, so Mienert (vgl. 2017 S. 162), dass Kindern etwas Furchtbares passieren könne, sei bei pädagogischen Fachkräften allgegenwärtig. Gefährliche Situationen bieten Kindern Chancen, selbstwirksam Schwierigkeiten zu bewältigen. Daher rät er Pädagogen situationsabhängig kurzzeitig abzuwarten und nicht immer sofort zu reagieren.

„Regeln, die ich alleine aufstelle, bespreche ich mit den Kindern, damit sie nachvollziehbar werden", erklärt eine pädagogische Fachkraft in der Umfrage. Mienert (vgl. 2017, S. 85) dagegen beschreibt, wie wichtig es ist, Regeln zusammen mit Kindern aufzustellen ohne ihnen jedoch welche vorzugeben. Die Sichtbarkeit als auch die Erkennbarkeit von Grenzen sind in Bezug darauf wichtig. Diskussionen darüber und auch das Infrage stellen dieser, sind erwünscht. So entwickelt sich ein Verständnis für Partizipation und die Kinder beginnen auf diese Weise ihre Selbstbestimmung wie auch ihre Mitbestimmung wahrzunehmen.

Ein weiterer Umfrageteilnehmer wendet ein, dass man Kinder beim Thema Gewalt nicht einfach machen lassen könne. Laut Rodriguez (vgl. 2019, S. 164) gibt es unterschiedliche Ursachen dafür, warum ein Kind beispielsweise haut. Möglich sei es, dass es in diesem Moment nicht anders kommunizieren konnte, weil es sprachlich noch nicht so weit entwickelt ist. Es könnte aber einfach nur versucht haben, die eigene Integrität zu schützen. Erwachsene sind demnach in gewaltvollen Situationen dazu angehalten, aufmerksam hinzuschauen und herauszufinden, was die Gründe für dieses Verhalten sind.

Als „spannendes Thema" bezeichnet eine pädagogische Fachkraft in der Umfrage den Adultismus. Diese ist der Meinung, es müsse eine Mischung geben, da für ein gutes Miteinander ja nun mal gesellschaftliche Regeln gelten.

Laut Winkelmann (vgl. 2019, S. 59) sind Kinder interessiert daran wie es den Menschen um sie herum geht. Findet ein transparenter Umgang in Bezug auf die eigenen Bedürfnisse mit ihnen statt, wird es durch das Formulieren von Wünschen und Bitten möglich, gut miteinander auszukommen. Menschen erfüllen sehr gern eigene Bedürfnisse als auch die ihrer

Mitmenschen. Dazu ist es jedoch notwendig, dass sie sich selbst gut kennen und wissen was sie benötigen. Rodriguez (vgl. 2019, S. 165-166) erläutert, dass Grenzen täglich spürbar sind. Das Kreieren von zusätzlichen, willkürlich gesetzten Grenzen ist daher unnötig. Denn überall, wo Lebewesen sind, sind diese Grenzen. Werden durch Erwachsene neue erschaffen, legitimieren diese Kontrolle und Fremdbestimmung.

Realistisch und in Übereinstimmung mit Rechtsnormen ist für das Kindeswohl zu sorgen, so Mienert (vgl. 2017, S. 94-95). In gemeinsamer Erarbeitung entstehen positiv formulierte Regeln, die Kinder und Erwachsene verstehen und allen viel Freiheit geben. Beachtenswert ist, dass Vorschulkinder Regeln aus entwicklungspsychologischer Sicht teils noch sehr schwer nachvollziehen können. Daher gilt in Kindertagesstätten bei der Regelerstellung: Weniger ist mehr. Negative Regeln, die Kinder nicht nachvollziehen können, bedeuten eine Einschränkung. Existieren Spannungen zwischen den Fachkräften und Kindern, herrschen Konflikte und ist Misstrauen vorhanden, sind Regeln generell nutzlos, so Mienert (vgl. 2017, S. 96). Bei einem guten Miteinander, sind Regeln überflüssig (vgl. 2017, S. 96).

Kindern Grenzen zu setzen erscheint Ritz (vgl. 2010, S. 133) fragwürdig, im Hinblick darauf, wie oft Erwachsene, die gesetzten Grenzen von Kindern übergehen. Teilweise wird ihnen selbst das nicht zugestanden. Regeln sollen zur Unterbrechung von Adultismus vor ihrer Anwendung hinterfragt werden. Dazu sind diese Fragen hilfreich:

„Dient die jeweilige Regel den eigenen Bequemlichkeiten?
Soll mit ihr die Überlegenheit des Erwachsenen demonstriert werden?   Soll
ein angezettelter Machtkampf mit dem Kind seine Machtlosigkeit vergegenwärtigen? Oder dient eine Regel tatsächlich dem gerechtfertigten Schutz des Kindes" (vgl. Ritz, 2010, S. 134)?

Es ist festzustellen, dass gelebte Partizipation in Bezug auf die Erstellung von Regeln notwendig ist, um ein positives Miteinander auf Augenhöhe zu gestalten.

6. Zusammenfassung

Die Umfrageergebnisse bestätigen die These, Adultismus stelle eine unbekannte, vor allem aber eine alltägliche Diskriminierungsform dar, die meist unbewusst abläuft und sich dabei maßgeblich negativ auf das Selbstwertgefühl von Kindern auswirken kann.

Die Umfrageteilnehmer schilderten erlebte Situationen aus der praktischen Arbeit mit Kindern im KiTa-Kontext, in denen das Machtsystem Adultismus zur Anwendung kam. Die ausführenden Pädagogen wenden diese Diskriminierung allem Anschein nach unbemerkt an. Abwertung und Diskriminierung in unterschiedliche Botschaften verpackt, sind bei ihnen offenbar verinnerlicht und werden als gegeben hingenommen.

Ebenso lassen die Antworten der Kinder zur Machtgeschichte eine Verinnerlichung und eine Akzeptanz dessen erkennen. Adultistische Verhaltensweisen zwischen älteren und jüngeren Kindern werden auf diese Weise reproduziert. In der Folge werden Kinder im ungünstigsten Fall daran gehindert ein positives Selbstbild zu entwickeln und ein geringes Selbstwertgefühl entsteht.

Bei den Umfrageteilnehmern ist eine bewusste Wahrnehmung von Adultismus als Diskriminierungsform, anhand ihrer Schilderungen, erkennbar.

Es gelang mir in dieser Facharbeit Adultismus in seiner Gesamtheit darzustellen und aufzuzeigen, wie präsent dieser aktuell in Kindertagesstätten ist.

Mit den Begriffsdefinitionen „Diskriminierung" und „Adultismus" begann ich mich im zweiten Kapitel in die Thematik einzuarbeiten. Es wurde deutlich, dass beide Begriffe Parallelen aufweisen. Weiterhin bearbeitete ich im dritten Kapitel die der Persönlichkeitsentwicklung von Kindern indem ich die Entstehung eines Selbstbildes und des Selbstwertgefühls näher betrachtete und darauf einging. Erkennbar wurde, dass das Selbstwertgefühl einen zentralen Bestandteil der Persönlichkeit ausmacht.

Mit dem vierten Kapitel „Adultismus als Diskriminierungsform" verknüpfte ich die Begriffe „Diskriminierung" und „Adultismus" konkret miteinander. Es zeigte sich, dass alle Aspekte, nach denen eine Diskriminierungsform strukturell aufgebaut ist, zeitgleich Inhalt von Adultismus sind. Beim sprachlichen Ausdruck von Adultismus ist festzustellen, dass die im Alltag mit Kindern formulierten, verwendeten Sätze stark adultistisch sein können. Diese können, wiederholt angewandt zu einer Verinnerlichung bei Kindern als auch Erwachsenen führen.

Im Anschluss erfolgte im fünften Kapitel die Auswertung meiner Umfrage mit Hilfe diverser Überthemen. Es zeigte sich eine Vielfalt in der Thematik Adultismus. Die Umfrage als solche bestätigte die Präsenz von Adultismus in Kindertagesstätten. Offensichtlich wurde anhand der Ergebnisse, wie stark der Einfluss ist, den Erwachsene auf die Entwicklung des Selbstwertgefühls von Kindern haben.

Rückblickend hätte ich in meiner Umfrage direkt beschreiben sollen, dass es in dieser Facharbeit konkret um Kinder von drei bis sechs Jahren geht. Die in der Facharbeit aufgeführten Handlungssituationen stammen vermutlich nicht immer aus dieser Altersklasse, da auch Fachkräfte aus dem Krippenbereich kommentierten. Wickelsituationen oder wo das jüngere Alter direkt benannt wurde, ließ ich daher bewusst weg. Dennoch bestätigen diese Ergebnisse die Präsenz von Adultismus in Kindertagesstätten und sind daher relevant.

Adultismus, so stelle ich fest, ist eine sensible, vielseitige Thematik. Kritisch empfinde ich vor allem, dass adultistische Verhaltensweisen unbewusst angewandt werden. Gerade deshalb ist eine Auseinandersetzung mit dieser Thematik entscheidend. Es ist eine Form der Diskriminierung, die tagtäglich genutzt wird. Kinder erleben durch die adultistische Sprache eine Abwertung, die bei ihnen wie bereits erwähnt, zur Verinnerlichung führt. Kindern wird vorgelebt, dass sie erst als Erwachsene etwas wert sind und dann die Kompetenz inne haben, Meinungen und Bedürfnisse von Kindern übergehen zu können.

Kinder lernen durch Vorbilder. Verhalten sich Erwachsene also adultistisch, erfahren Kinder keine Selbstwirksamkeit, sondern Unterdrückung. Dies ist nicht nur einschränkend für Kinder, es hemmt sie in ihrer Entwicklung.

Kinder haben jedoch, nicht nur in meinen Augen, sondern vor dem Gesetz, ein Recht darauf in einer Umgebung aufzuwachsen, die von Gewaltfreiheit, Respekt und Augenhöhe geprägt ist. Daher gilt es besonders in der sozialpädagogischen Arbeit, adultistisches Verhalten zu vermeiden. Angehenden und auch ausgelernten pädagogischen Fachkräften ist daher zu empfehlen, sich selbst und ihr pädagogisches Verhalten regelmäßig zu reflektieren. Bereits in der sozialpädagogischen Ausbildung fände ich es deswegen äußerst wichtig, diese Diskriminierungsform mitsamt ihren Auswirkungen ausführlich zu thematisieren.

Mir fiel in der Umfrage auf, wie oft noch ein negatives Bild von einem unfertigen Kind, das geformt werden müsse, herrscht. Die Umfrageergebnisse zu lesen, war daher teilweise schwer für mich. Es hat mich erschüttert, wie mit Kindern, die sich nicht wehren können, noch immer umgegangen wird. Dabei sollten sie als Menschen mit eigenen Persönlichkeiten wahrgenommen und akzeptiert werden. Gern hätte ich die geschichtlichen Ursachen und Hintergründe dazu thematisiert. Leider ist das ein eigenständiges Thema, um damit eine Facharbeit komplett zu füllen. Ebenso wie die Gewaltfreie Kommunikation von Marshall B. Rosenberg, die ich gern mit einfließen lassen hätte.

Positiv empfand ich, lesen zu dürfen, dass es Erzieher gibt, die bereits ein Bewusstsein für Adultismus entwickelt haben. Ich wünsche mir sehr, dass viele weitere davon Kenntnis erlangen. Pädagogische Fachkräfte sollten Macht abgeben können und Kindern Vertrauen schenken. Natürlich heißt das nicht, dass Kinder ausschließlich agieren dürfen, wie sie wollen. Grenzen sind naturgegeben bereits da. Adultismusbewusste Pädagogik bedeutet nicht Laissez-faire. Es erfordert im Gegenteil, eine intensive kindzentrierte Begleitung und ein Bewusstsein für sich selbst. Zudem bedarf es gemeinsam aufgestellter Regeln in Institutionen, die für Erwachsene und Kinder gleichermaßen gültig sind.

Kinder benötigen Entwicklungsbegleiter, die sie ernst- und wahrnehmen. Das bedeutet für mich nicht, dass Fachkräfte perfekt sein müssen, sondern vielmehr authentisch, gleichwürdig und bedürfnisorientiert. Bedürfnisorientiert bedeutet in diesem Zusammenhang, die Bedürfnisse aller zu beachten. Das schafft gegenseitige Akzeptanz und Vertrauen.

Meine ursprüngliche Idee war es, einen Leitfaden für den Umgang mit Adultismus zu verfassen. Zusammenfassend wurde beim Schreiben für mich aber deutlich, dass hauptsächlich eine kontinuierliche Selbstreflektion dafür relevant ist wie die Biographiearbeit. Ich glaube, nur wer sich eigener adultistischer Erfahrungen bewusst wird, kann diese aufarbeiten und hat so die Chance, diese adultistischen Verhaltensweisen zu erkennen und zu unterbrechen. Machtverhältnisse zwischen Kindern und Erwachsenen sollten definitiv ausgeglichen sein. Fachkräfte benötigen daher statt einem Leitfaden, eine professionelle Haltung ohne Hang zu Perfektionismus. Sie sind Wegbegleiter, die Kinder bestenfalls mit Achtung, Würde und Wertschätzung als Individuen in ihrer Entwicklung unterstützen.

Mir wurde bei der Ausarbeitung zudem bewusst, wie wichtig es ist, nicht wegzuschauen. Das macht Erzieher zu Mittätern. Selbst wenn die Rahmenbedingungen nicht optimal sind, ist das niemals eine Entschuldigung für das Ausleben von Macht, sprich Adultismus, gegenüber Schutzbefohlenen.

In meinem in der Einleitung erwähnten Praktikum sprach ich mit meiner Praxisanleiterin und suchte Hilfe. Sie versprach, einem besonders kritischen Vorfall nachzugehen. Was passierte? Sie schwieg. Auch ich. Aus Angst. Das werde ich zukünftig nicht mehr tun. Kinder haben Rechte. Und sie sind die Gesellschaft von Morgen. Pädagogische Fachkräfte prägen die Kinder auf einem Stück ihres Weges.

Dazu zitiere ich abschließend Janusz Korczak, dessen Worte uns immer bewusst sein sollten: „Ein Kind ist klein, sein Gewicht ist gering, es ist nicht viel von ihm zu sehen ... Und was noch schlimmer ist, das Kind ist schwach. Wir können es hochheben, in die Luft werfen, es gegen seinen Willen irgendwohin setzen, wir können es mit Gewalt im Lauf aufhalten – wir können all sein Bemühen vereiteln" (vgl. 2013, S. 7). Es liegt an jedem Einzelnen wie wir Kindern, Menschen, den Erwachsenen von Morgen, begegnen.

7. Literaturverzeichnis

Ballmann, A. E.: Seelenprügel. Was Kindern in Kitas wirklich passiert. Und was wir dagegen tun können. Kösel-Verlag, München 2019.

Bell, J.: A Key to Developing Positive Youth-Adult Relationships. Online: https://www.youthrights.org/blog/understanding-adultism/; Zugriff: 23.12.2020.

Bell, J.: Understanding Adultism A Key to Developing Positive Youth-Adult Relationships. Online: http://nuatc.org/articles/pdf/understanding_adultism.pdf; Zugriff: 27.12.2020.

Britt, H.: Adultismus – weil du jünger bist als ich. Online: https://www.newslichter.de/2017/10/adultismus-weil-du-juenger-bist-als-ich/; Zugriff: 30.12.2020.

Der paritätische Gesamtverband: Adultismus. Online: Adultismus (der-paritaetische.de); Zugriff: 27.12.2020.

Dolderer, M.: „Man wird nicht als Kind geboren, man wird zum Kind gemacht." 2010, S. 12 – 14. Online: unerzogen-2-2010.pdf; Zugriff: 14.08.2020.

Friesinger, T.: Partizipation in Kontext von Adultismus. 2010, S. 1. Online: Partizipation in Kontext von Adultismus 01.pdf; Zugriff: 05.01.2021.

Friesinger, T.: Mehr Empathie durch Selbstempathie. Der selbstempathische Ansatz in Bildungseinrichtungen im Kontext einer Inklusiven Kommunikation. verlag modernes lernen, Dortmund, 2018.

Heister, U.: Selbstvertrauen, Selbstwert, Selbstbewusstsein. Online: https://www.ulrich-heister.de/bewusstseinsblog/selbstvertrauen-selbstwert-selbstbewusstsein-was-ist-das-genau-wie-kann-ich-es-staerken/; Zugriff: 03.01.2021.

Hormel, U./ Scherr, A.: Diskriminierung. 2010, S. 150. Online: Hormel Scherr Diskriminierung Grundlagen Forschungsergebnisse.pdf (antidiskriminierungsstelle.de); Zugriff: 13.08.2020.

Jesper, J.: 4 Werte, die Kinder ein Leben lang tragen. Gräfe und Unzer, München, 2012.

Knauer, R./ Hansen, R.: Zum Umgang mit Macht in Kindertageseinrichtungen. 2010, S. 24 - 25. Online: Knauer Hansen Macht.pdf; Zugriff: 19.01.2021.

Kohn, A.: Liebe und Eigenständigkeit. Die Kunst bedingungsloser Elternschaft, jenseits von Belohnung und Bestrafung. Arbor Verlag, Freiburg 2013.

Korczak, J.: Das Recht des Kindes auf Achtung. 2013, S. 7. Online: 3647315087_lp.pdf; Zugriff: 27.12.2020.

LeFrancois, B.: Adultism. 2013, S. 1. Online: (PDF) Adultism | Brenda LeFrançois - Academia.edu; Zugriff: 30.12.2020.

Liebl, M.: Unerhört. Kinder und Macht. BELTZ Juventa, Weinheim Basel 2020.

Martschinke, S./ Franke, A.: Eine starke Reise mit der Klasse. 2012, S. 9 – 12. Online: 07469_Musterseite.pdf; Zugriff: 27.12.2020.

Maywald, J.: Gewalt durch pädagogische Fachkräfte verhindern. Herder, Freiburg im Breisgau 2019.

Mienert, M.: „Das haben wir doch schon immer so gemacht". Die „Ja, abers" in Kita und Hort. Vandenhoeck & Ruprecht, Göttingen 2017.

Minsel, B.: Personale Kompetenzen.: Personale Kompetenzen. In: Pousset, R. (Hrsg.): Handwörterbuch Frühpädagogik. Mit Schlüsselbegriffen der Sozialen Arbeit (4. Aufl.). Berlin 2014, Cornelsen. S. 244.

Mock-Eibeck, A.: KurzCHECK Sozial-emotionale Entwicklung von Kindern. Handwerk + Technik, Hamburg 2020.

NCBI Schweiz und Kinderlobby Schweiz (Hrsg.): Not 2 young 2. „Alt genug um…". Rassismus und Adultismus überwinden. K2-Verlag, CH-Schaffhausen, 2004.

Natho, F.: Erziehungsmythen: Konsequenz, Belohnung und Strafe. 2015, S. 8. Online: vds-Erziehungsmythen-2015.pdf; Zugriff: 07.01.2021.

Perras-Emmer, B.: Lernziel Authentizität. Online: https://www.kindergartenpaedagogik.de/fachartikel/paedagogik/184; Zugriff: 01.01.2021.

Prändel, I. Dipl.-Psych.: Entwicklung im Kindes- und Jugendalter. Online: Entwicklung im Kindes- und Jugendalter Psycho Wissen (psycho-wissen.net); Zugriff: 01.01.2021.

Reding, J.: Gedicht vom Spinatesser. Online: Gedicht vom Spinatesser - wamiki.de; Zugriff: 13.08.2020.

Rempel, E.: „Dafür bist Du noch zu klein." Sprache und Adultismus. 2011, S. 36 – 38. Online: unerzogen-1-2011.pdf; Zugriff: 03.01.2021.

Richter, S.: Adultismus: die erste erlebte Diskriminierungsform? Theoretische Grundlagen und Praxisrelevanz. 2013, S. 3 – 18. Online: KiTaFT_richter_2013.pdf (kita-fachtexte.de); Zugriff: 11.11.2020.

Ritz, M.: Adultismus – (un)bekanntes Phänomen: „Ist die Welt nur für Erwachsene gemacht? In: Wagner, P. (Hrsg.): Handbuch Kinderwelten. Vielfalt als Chance – Grundlagen einer vorurteilsbewussten Bildung und Erziehung. Herder, Freiburg im Breisgau 2010, S. 128 – 136.

Ritz, M.: Ganz offiziell bevormundet. Wie Kinder und Jugendliche diskriminiert werden. 2010, S. 7 – 11. Online: unerzogen-2-2010.pdf; Zugriff: 05.02.2021.

Ritz, M.: Adultismus – (un)bekanntes Phänomen. 2013, S. 1 – 7. Online: Ritz2013_Adultismus_Handbuch-Inklusion.pdf (situationsansatz.de); Zugriff: 23.12.2020.

Ritz, M.: Kindsein ist kein Kinderspiel. 2008, S. 1 – 14. Online: 1_(amyna.de); Zugriff: 23.12.2020.

Ritz, M.: Kindsein ist kein Kinderspiel – Adultismus – (un)bekanntes Phänomen. 2015. S. 6 – 9. Online: Newsletter_21_-_Januar_2015_-_korrigierte_Fassung_ES.pdf (nifbe.de), Zugriff: 13.01.2021.

Rodriguez, A.: Es geht auch ohne Strafen! Kinder auf Augenhöhe begleiten. Impulse für Familie, Kita und Schule. Kösel-Verlag, München 2019.

Saalfrank, K.: Kindheit ohne Strafen. Neue wertschätzende Wege für Eltern, die es anders machen wollen. Beltz, Weinheim Basel 2017.

Stegemann, D.: Das ist so kindisch. Online: Das_ist_so_kindisch!_-_wamiki.de; Zugriff: 11.12.2020.

Steinke, A. Dipl.-Soz.päd.: Adultismus. Online: Beiträge_von_A-Z_(nifbe.de); Zugriff: 05.01.2021.

Wagner, P./ Seyran, B.: Sprache und Identitätsentwicklung. 2013, S. 1 – 12. Online: 2_Beitrag_Wagner-Bostanc.pdf (kinderwelten.net); Zugriff: 20.01.2021.

Wedewardt, L.: Probier- oder Kostehappen- NEIN Danke. Online: Probier- oder Kostehappen-NEIN_danke!_-_Bedürfnisorientierte_Kinderbetreuung_(beduerfnisorientierte-kinderbetreuung.de); Zugriff: 09.01.2021.

Winkelmann, A. S.: Machtgeschichten. Ein Fortbildungsbuch zu Adultismus für Kita, Grundschule und Familie. edition claus, Berlin 2019.

Machtgeschichte von Anne Sophie Winkelmann

Protokoll Machtgeschichten Kita (August 2020)

- anwesend: 12 Kinder (5-6 Jahre), 2 Erzieher
- Geschichte: Fisch und Aufräumen
- Zwischendurch: L. meldet sich: „Das klingt fast so wie auch manchmal bei uns."
- Frage nach Aufräumen: ein Kind sagt, es habe manchmal keine Lust aufzuräumen, ein Kind räumt immer gerne auf, eins sagt ganz selten, der Rest gibt einstimmig an, nie Lust zum Aufräumen zu haben
- Frage nach dem weiteren Verhalten der Erzieherin: „Aufräumen soll er.", „Komm, jetzt ist Aufräumen dran." „Schimpfen.", „Sie wird gar nichts machen.", „Ich würde mich verstecken und sie findet mich dann nicht."
- Wie wird die Geschichte enden? „Es gibt Süßigkeiten.", „Es gibt Vesper.", „Es gibt Obst." „Mit einem Einhorrn.", „Mit Eidechsen.", „Mit Pokemon."
- Frage was eine gute Lösung für Mio wäre?: „Was Essen! Gibt Kraft." Einstimmig.
- Variante 1-Der Erzieherin reicht es und schimpft-wie wird sich Mio fühlen?: „Traurig.", sagen 6 Kinder, „Wütend", sagen 5 und 1 sagt: „Sauer."
- Wird Mio jetzt aufräumen?: Einstimmig: „Nein.", drei Kinder glauben dann doch „ja"
- Habt Ihr schon einmal Angst vor einem Erwachsenen gehabt oder hat Euch jemand weh getan?: „Meine Mama", sagen drei, zwei sagen „Mein Papa", Ohrfeigen werden erwähnt, aber auch: „Meine Mama würde mir niemals weh tun.", Thema Angst verneinen alle, bis der Einwand kommt: „Vor Hexen." „Ich hatte schon mal Angst vor meiner Kindergärtnerin."
- Frage, ob die Kinder wütend sind, wenn sie etwas tun müssen, was sie nicht wollen?: „Einstimmig Ja."
- Lösung, wenn Kinder nicht aufräumen möchten?: „Dann sind sie faul.", „Mit Süßigkeiten anlocken.", „Oder mit Obst und Gemüse.", „Oder man guckt gleich danach einen Film.", „Er würde dann aufräumen, wenn er Lust darauf hat." (bezogen auf Mio), „Im Bad oder im Keller einsperren."
- Was wäre, würde Mio heute nicht aufräumen?: „Mio wird auf die Bank vor die Tür gesetzt.", sagt ein Kind
- Variante 2-Vera ist einfühlsam-was wird Mio seinem Freund verraten?: „Das die Erzieherin, die Kinder selbst entscheiden lässt", rufen alle gemeinsam., „Das sie weiterhin Piraten spielen werden.", wird hinzugefügt.
- Dürft ihr selbst entscheiden, ob ihr raus dürft?: „Nein", rufen alle, „Ja", ruft ein Kind, fügt aber hinzu, dass das zu Hause der Fall sei

Umfrage Seite 1

Liebe Fachkräfte, mein Name ist Sandy. Ich bin angehende Erzieherin im dritten Ausbildungsjahr und meine Facharbeit steht an. Mein Thema wird der Adultismus (die erste erlebte Diskriminierungsform von Kindern). Ich möchte herausfinden wie präsent dieser im Kita-Alltag ist. Des Weiteren ist mein Ziel zu dieser Thematik einen Leitfaden/Handout zu erstellen, praxisnah mit vielen umsetzbaren Ideen für Fachkräfte. Der Fragebogen ist anonym und wird zwischen 10-15 Minuten ihrer Zeit in Anspruch nehmen. Ich freue mich auf ihre Erfahrungen und Ideen und bedanke mich vorab für Ihre Zeit und Unterstützung. Seite 2 Wie viele Jahre Berufserfahrung haben Sie? * Wie alt sind Sie? Aus welchem Bundesland kommen Sie? * In welchem Fachbereich arbeiten Sie? * Ist Ihnen die Diskriminierungsform Adultismus bekannt? * ja nein Definition: Adultismus beschreibt den Umgang von Erwachsenen mit dem Machtungleichgewicht, dass zwischen Kindern und Jugendlichen einerseits und Erwachsenen andererseits, besteht. Adultismus ist eine gesellschaftliche Macht- und Diskriminierungsstruktur, die durch Traditionen, Gesetze und soziale Institutionen untermauert wird. Dieser Begriff verweist auf die Einstellung und das Verhalten Erwachsener hin. Erwachsene gehen davon aus, dass sie aufgrund ihres Alters, intelligenter, kompetenter und schlicht weg besser sind als Kinder und Jugendliche. Daher sehen sie sich dazu befähigt, sich über die Meinungen und Ansichten von Kindern und Jugendlichen hinwegsetzen zu können. Ist dieses Beispiel für Sie Adultismus? „Es ist Sommer. Kinder sind im Kita-Garten, haben sich ausgezogen und spielen mit Sand und Wasser. Jonathan, 4 Jahre, weint. Er ist nackt, steht auf dem Rasen, die Hand aufs rechte Auge gedrückt und weint bitterlich. Offenbar hat er etwas ins Auge bekommen und es schmerzt. Mehrere Kinder stehen um ihn herum, jetzt kommt die Erzieherin hinzu. Sie bleibt in einigem Abstand zu ihm und schiebt ihn Richtung Tür zurück ins Haus, indem sie ihn an Schulter und Kopf tippt, wie mit „spitzen Fingern". Die Erzieherin hat jetzt ein Taschentuch, hält mit der linken Hand Jonathans Kopf fest und wischt mit der rechten über sein Auge, sie tut es mit gestreckten Armen, wie um Jonathan weit von sich weg zu halten. Sie tut es heftig und ohne Ankündigung. Dabei spricht sie nicht mit ihm, sondern sie unterhält sich – von Jonathan abgewandt - mit der Kollegin, die an der Tür steht. Jonathan weint noch bitterlicher, er hält sich das Auge. Nun drückt die Erzieherin unwirsch seinen Arm nach unten und sagt laut, er solle endlich die Hand aus dem Auge nehmen. Jonathan weint laut auf und hält die Hand sofort wieder aufs Auge, wieder schiebt die Erzieherin seinen Arm nach unten. Das wiederholt sich, Jonathan weint noch lauter und die Erzieherin wird ungeduldiger, gröber, redet heftig und verärgert auf ihn ein. Jonathan schreit. Er pinkelt jetzt, auf den Rasen. Die Erzieherin geht noch ein Stückchen weg von ihm. Jetzt reicht ihr eine Kollegin den Duschschlauch und sie spritzt Wasser über Jonathan, der erschrickt und wieder aufschreit. Die Erzieherin duscht ihn unsanft ab. Andere Kinder wollen Wasser für ihre Eimer abhaben, keines von ihnen kümmert sich um Jonathan, der schluchzend dasteht. Die Erzieherin spritzt jetzt Wasser auf andere Kinder, die vor Spaß kreischen." (Quelle:

Kinderwelten) * ja nein Beschreiben Sie bitte ZWEI konkrete, selbst erlebte, adultistische Handlungssituationen in der Kita: * Bitte beziehen Sie sich nun auf Ihre beiden vorab genannten Beispiele und benennen dafür die jeweilige Handlungsalternative, die für Sie in dieser Situation besser/passender/optimaler gewesen wäre. * Dieses Feld ist für Sie. Sie dürfen mir hier Anregungen, Ideen, Wünsche..., die Ihnen zur Thematik Adultismus einfallen, mitteilen: Sie haben es geschafft und mir sehr geholfen. Herzlichen Dank für Ihre Teilnahme! Die Umfrage ist beendet. Vielen Dank für die Teilnahme. Das Fenster kann nun geschlossen werden.

www.ingramcontent.com/pod-product-compliance
Ingram Content Group UK Ltd.
Pitfield, Milton Keynes, MK11 3LW, UK
UKHW040006180225
4623UKWH00034B/112